입찰 달인 최부장

입찰 달인 최부장

지은이 최주정
감　수 라한수

1판 1쇄 발행 2019년 1월 31일

발행처 지식과감성#
발행인 장길수

등록번호 제2012-000081호

주소 서울시 금천구 벚꽃로 298 대륭포스트타워 6차 1212호
전화 070-4651-3730~4　팩스 070-4325-7006

이메일 ksbookup@naver.com
홈페이지 www.knsbookup.com

값 18,000원
ISBN 979-11-6275-463-4 (13320)

저작권자 ⓒ 2019, 최주정
이 책의 저작권은 저자에게 있습니다. 저자와 출판사의 허락 없이
내용의 일부 또는 전부를 복제·전재·발췌할 수 없습니다.

이 도서의 국립중앙도서관 출판예정도서목록(CIP)은 서지정보유통지원시스템 홈페이지
(http://seoji.nl.go.kr)와 국가자료종합목록시스템(http://www.nl.go.kr/kolisnet)에서
이용하실 수 있습니다. (CIP제어번호 : CIP2019001108)

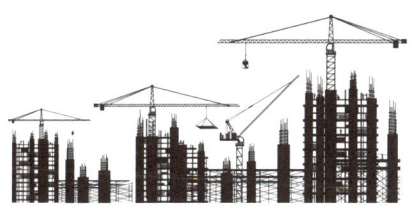

입찰 달인 최부장

최주정 지음
라한수 감수

지식과감정

서문

저는 IT 입찰 기간 1년, 해외 건설 입찰 7년, 약 8년이라는 세월 동안 입찰 수행을 하였습니다. 물론 그 외에도 수주한 입찰을 다시 수행 업무를 통한 약 20년 이상의 경험을 토대로 생각한 내용을 쓴 책입니다. 특별히 이 책은 플랜트 EPCC(Engineering, Procurement, Construction, Commissioning) 입찰을 저의 주관적인 입장에서 가상으로 피력했습니다.

사실 플랜트 입찰을 생각해 보면 해외건설 EPCC 금액은 제가 생각했던 금액보다 월등히 높은 금액이었습니다. 입찰서류 작성 시의 언어는 발주한 나라의 언어를 요구하는 경우도 있지만 대부분 해외 입찰 언어는 영어를 사용한다는 점에서 영어에 약점을 가지고 있는 저로서는 정말 힘들고 넘어서기 힘든 피나는 노력이 필요했습니다. 그래서 늘 입찰을 시험 보는 기분으로 최선을 다했습니다.

입찰의 어려운 점을 하나 더 말하자면 특별한 경우를 제외하면 1등 외에 모든 참가자는 패자가 된다는 것이고 많은 입찰 비용을 낭비한다는 것입니다. 제가 간단하게 계산을 하더라도 최소 1년 대기업 기준으로 입찰을 많이 한 해는 대략 플랜트 입찰 100여 개가량 입찰을 수행한다면 입찰의 규모에 따른 차이는 있겠지만, 가령 1조 입찰을 한다면 최소 적게는 5억 원에서 많게는 20억 원까지 비용을 고려할 때 이러한 입찰 기회 10개만 놓쳐도 약 50억에서 200억 원의 손실을 보게 됩니다. 지금 제가 말하는 통계는 유가가 오르고 한국 건설이 활발하던 2008~2016년 사이 정말 많은 해외 입찰을 하던 때를 대략적으로 나타낸 수치라고 생각하면 좀 더 사실과 근접할 듯합니다. 그래서 해외의 선진사들도 입찰 비용은 최소화하고 입찰 경쟁을 강화하려는 다양한 노력을 하는 것을 볼 수 있습니다.

그에 대안으로 내부 입찰 인원은 최소화하고 외주 비용을 줄이려고 노력했으며 실제 설계를 하기보다는 경험 자료나 내부 자료를 이용해서 입찰 비용을 산정함으로써 입찰 비용을 줄이려고 노력하는 것을 자주 보게 됩니다. 그러나 이러한 방법도 꼭 좋다고만 볼 수 없는 것이 세부적인 입찰 내용의 이해도가 떨어지면 내부에 산재한 수많은 리스크를 볼 수 없는 경우가 많이 있기 때문입니다.

프로젝트라는 어원이 그러한 의미를 담고 있듯이 늘 새롭다고 생각하면 될 것입니다. 그런데도 많은 경험 있는 회사는 유사한 입찰의 경우에 경험치를 사용하여 최대한 현실적인 자료를 만들어 입찰에 임하는 경우가 많습니다. 물론 입찰의 특성에 따라서 세부적으로 준비하기 어려운 입찰에 대해서는 다소 입찰가격이 높거나 혹은 낮더라도 리스크를 감수하고 신속하게 입찰가를 제시하는 경우 좋은 성과로 연결되는 것도 보아 왔습니다. 이러한 입찰은 공개 입찰보다는 수의 입찰일 때 더욱더 좋은 성과를 보일 것입니다.

저의 경험을 잠깐 소개하자면 1996년도에 공정관리 업무를 시작으로 플랜트 공정관리를 익혔고 다음 해에 PMP 관련 PMBOK 1판을 Black & Veatch Company 교육을 통해서 나름 플랜트 지식과 관리 지식을 익힐 수 있었습니다. 1997년 IMF 전까지 한국 석유화학 현장경험, 공정관리 경험 및 PMP 교육 이수 후 관련 분야 사내 강사 후 IMF 이후 회사를 퇴사하는 운명을 맞이했지만 좌절하지 않고 다시금 열심히 대학원과 IT 회사에서 경험을 쌓고 2006년 입사해서 주로 회사 Standard 프로시저 2년의 업무를 시작으로 2008년부터 본격적인 해외 건설 입찰 업무를 수행하면서 정말 말도 많았던 UAE 입찰, 베네수엘라 입찰, 방글라데시 입찰, 인도네시아 입찰, 카자흐스탄 입찰, 파키스탄 입찰, 사우디 입찰, 쿠웨이트, 이란 입찰 등 다수 입찰을 수행했으며 IT 입찰은 한국 GM 자동차, 과거 쌍용 자동차, 현대 Capital 등 수행 했습니다. 또한 제가 UAE에서 직접적인 PM 역할을 담당했던 CMMS & Spare Part Manager 등을 통해서 2018년까지 약 14년 건설업에 종사했습니다.

그러나 아직도 건설 산업을 사랑하는 일원이며 회사가 영원히 발전하기를 기원하면서 이 책이 앞으로 어려운 입찰을 수행할 후배들에게 조금이나마 입찰의 시행착오를 줄일 수 있도록 함께 공유하자는 차원에서 쓰게 되었습니다. 이 책을 집필하는데 도움을 주신 모든 분들에게 감사를 드리며 특히 이 책을 감수해 주시고 늘 옆에서 격려해 주신 라한수 박사님께도 고맙다는 인사를 드립니다. 그리고 부족한 저의 책 출판을 위해서 물심양면 디자인을 도와주신 손혜정 디자이너께도 감사를 드립니다.

최주정

P.S. 저서 내용이 어려운 경우 독자의 이해를 돕기 위해서 운영중인 **NAVER Café** (https://cafe.naver.com/ceois) 내용을 참고 바랍니다.

CONTENTS

1st week

입찰안내서 접수 및 조직 구성 ······ 15

발주처의 사전심사(Pre-Qualification)를 통과하고 영업부에서 공식적인 입찰을 발주처로부터 접수 후부터 이루어지는 내용이다. 또한 입찰을 위해서는 3~10명 정도의 PM/PE와 부서별 Engineer로 구성된 입찰팀이 구성된다.

2nd week

입찰 외주 품의서 작성 ······ 39

입찰을 하기 위해서는 입찰 규모에 맞는 금액을 승인받아야 합니다.

3rd week

현지 조사 ······ 51

입찰을 수행하는 입찰사에게 필요한 사항을 알려주기 위해서 현장을 확인한다.

4th week

입찰 목록 작성 ······ 65

발주처에서 받은 입찰서는 계약서와 도면으로 구성된 경우가 대부분이며 PM/PE는 입찰에 필요한 내용을 계약서에서 확인 후 발주처에 제출할 입찰 목록을 작성한다.

5th week | Chapter 1 | 계약자 일반 정보 ······ 77

입찰 시 제출할 내용으로 주로 입찰사의 회사를 소개하거나 관련된 재무 사항 등을 요구하는 내용으로 구성된다.

6th week | Chapter 2 | 설계 절차서, 조직도 구성 ······ 89

입찰제안서에 제출할 내용으로 전 분야의 조직도 및 설계 수행 시 가장 중요한 설계 수행 절차서 등을 제출하는 내용으로 구성된다.

7th week | Chapter 3 | 스케줄 관리 ······ 101

입찰안내서에 정해진 프로젝트 수행 일정에 따라 입찰안내서에서 요구한 도구를 활용해서 설계, 구매, 시공 내용의 스케줄을 작성한다.

8th week | Chapter 4 | 설계 관리 ······ 121

입찰안내서에서 요청한 내용에 따라서 설계 관련 성과품을 작성한다.

9th week | Chapter 5 | 구매 관리 ······ 135

입찰안내서에서 요청한 내용에 따라서 구매 관련 성과품을 작성한다.

10th week | Chapter 6 | 시공 관리 ······ 149

입찰안내서에서 요청한 내용에 따라서 시공 관리 성과품을 작성한다.

11th week | **Chapter 7** 시운전 관리 ······ 169

입찰안내서에서 요청한 내용에 따라서 시운전 관리 성과품을 작성한다.

12th week | **Chapter 8** 품질 관리 ······ 183

입찰안내서에서 요청한 내용에 따라서 품질 관리 성과품을 작성한다.

13th week | **Chapter 9** HSE 관리 ······ 199

입찰안내서에서 요청한 내용에 따라서 HSE 성과품을 작성한다.

14th week | **Chapter 10** IT 관리 ······ 211

입찰안내서에서 요청한 내용에 따라서 IT 성과품을 작성한다.

15th week | **Chapter 11** 입찰 전략 수정 ······ 225

입찰을 위한 사전 입찰자 자격 검증(Prequalification) 내용을 작성하여 영업부에서 입찰에 참여한다. 관련 내용에 따라 입찰 전략을 수정한다.

16th week | 입찰 기자재 및 시공 금액 전략 ······ 233

입찰안내서에서 요구한 내용 중에서 입찰 금액 & 시공 금액 산출을 위한 업무를 수행한다.

17th week | **설계 금액 산출** ······ 255
입찰안내서에서 요구한 내용 중에서 설계 금액 산출을 위한 업무를 수행한다.

18th week | **입찰 연장 1주일** ······ 265
발주처 사정에 따라서 입찰 연장을 접수했으며 입찰 업무 내용을 전체적으로 점검한다.

19th week | **입찰제안서 최종 점검** ······ 273
입찰안내서에서 요청한 내용 및 목차를 최종적으로 점검한다.

20th week | **현지에서 입찰제안서 최종 점검** ······ 283
해외 현지에서 Technical/Commercial 마무리를 위해서 A사가 작성한 내용과 B사가 작성한 내용의 일관성 점검 및 빠진 내용을 최종 점검한다.

21st week | **입찰제안서 제출** | 문서/CD 출력, 바인딩, Boxing | ······ 293
입찰제안서 바인딩 작업을 수행 후 제출할 일정에 맞추어 정해진 장소에 제출한다.

Appendix | **부록** ······ 301

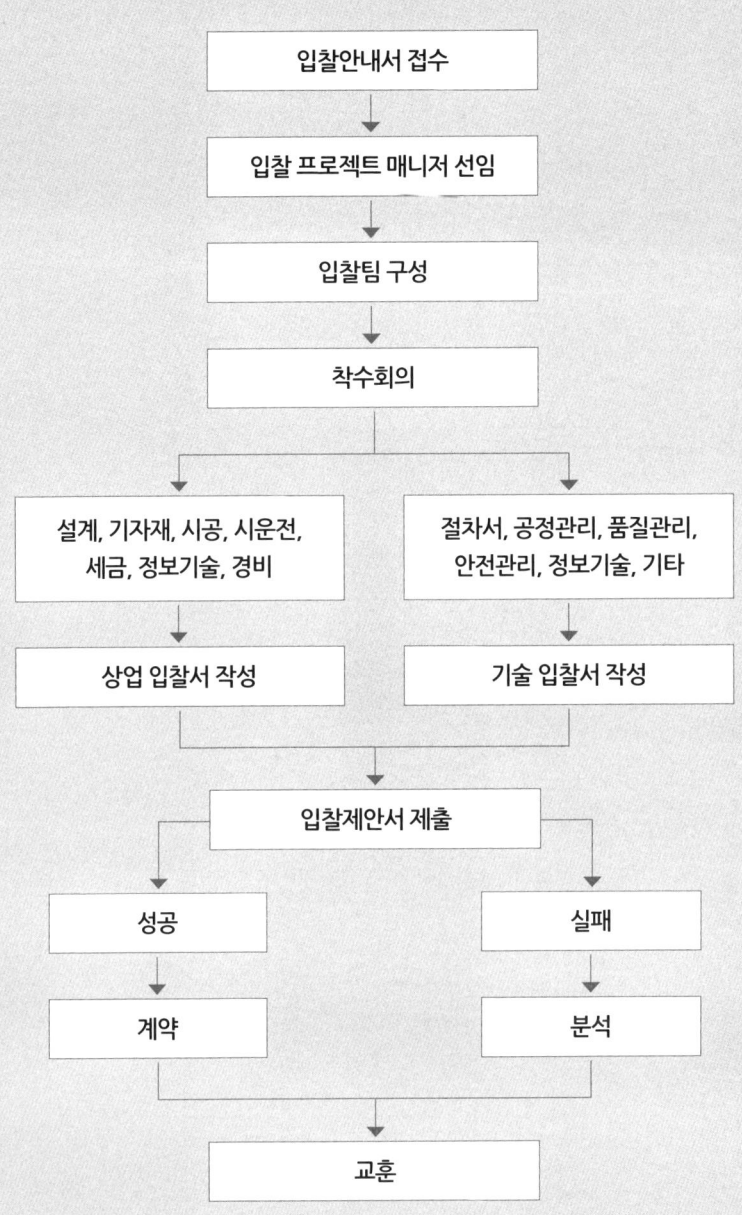

입찰안내서 접수 및 조직 구성

1st week

김대리 오늘 부장님께서 인도네시아 입찰안내서를 접수했다고 들었는데 맞나요?

최부장 맞아, 김대리. 정말 정보 빠른데 누구에게 들은 거야?

김대리 사실은 영업팀에 제 입사 동기가 있어서요.

최부장 그렇구먼, 김대리도 잘 알겠지만, 입찰 시작하면 눈코 뜰새 없이 시간 갈 텐데 시간 관리가 필요 없어서 좋겠네.

김대리 네, 부장님. 저보다는 PM[1]이 더 시간 가는 줄 모를걸요?

최부장 역시 김대리다운 답변이군. 해외 입찰 경험이 있었던가?

김대리 부장님도 아시겠지만, 딱히 내세울 만한 해외 입찰 경험이 없다는 것이 단점 아닌 단점이네요. 제가 주로 현장 생활을 많이 하다 복귀한 지 일 년이 안 돼서 아직 본사 사정이 밝지 않아 더욱 걱정됩니다. 그래도 부장님만 믿으면 되는 거죠?

최부장 그래! 열심히 해 보자고. 원래 입찰은 모르는 사람이 사고를 치는 거지. 너무 많이 알면 수주하기가 별 따기야. 갑자기 입찰을 모

---

[1] PM(Project Manager): 프로젝트를 수행할 때 프로젝트 전반 사항에 대해서 결정 권한을 가지고 있는 사람.

르는 김대리 덕에 실적 올리는 것 아닌지 모르겠네.

김대리 역시 부장님의 자신 있는 모습에 저도 예감이 좋습니다.

최부장 솔직히 입찰 심정을 말하자면 지금까지 배운 지식을 시험 본다는 기분으로 준비를 하지. 잘 알겠지만 입찰은 일등만 살아 남는 냉엄한 분야라 늘 할 때마다 두근거리고 조마조마하지. 그래도 힘들기는 하지만 회사에서 가장 중요한 일을 한다는 자부심은 있지.

김대리 네, 저도 이번 해외 입찰을 열심히 배워서 자부심을 크게 느끼도록 최선을 다하겠습니다. 물론 야근도 해야 하겠지요?

최부장 하하. 아마도 입찰 기간 4개월 동안 보약 한 재는 먹고 해야 할 거야. 입찰서는 내가 CD로 접수했으니까 제본부터 하자고. 내용이 많은 것으로 보아하니 A4 박스 다섯 상자 이상 될 것 같아. 중요한 파일과 계약서만 우선 제본하고 나머지 내용은 차후에 전자 파일로 회람하도록 하는 것이 좋을 듯해. 내일까지 15부 제본하고 중요 도면은 필요한 부분만 복사 부탁하네. 그리고 김대리가 입찰을 한 번도 안 해봤다고 하니 입찰 관련해서 도움이 될만한 조언을 해 줄 테니까 회의실 예약 부탁해.

김대리 중요한 도면이라 하면?

최부장 그렇지 내가 너무 범위를 키웠나? 배치도, 평면도, 흐름도 정도면 될 거야.

김대리 부장님 입찰안내서[2] 15부와 중요 도면 모두 복사해서 캐비닛에 넣어 두었습니다.

최부장 감사! 김대리.

---

[2] **입찰안내서**: ITB(Invitation To Bid) 혹은 RFP(Request for Proposal). 발주처가 입찰자에게 입찰 시 유의사항 및 필요한 정보를 기술한 자료.

김대리   부장님 입찰 조언해 주신다고 회의실 예약하라고 하셨는데 언제 하실 건가요?

최부장   내일 오후에 하자고. 대신 복사한 계약서를 미리 읽어보고 오면 도움이 될 거야.

김대리   자료는 확인하고 오겠습니다. 그리고 오후 3시에 파이팅 룸 예약을 했습니다.

최부장   오늘은 입찰 때 기본적으로 알고 있어야 할 프로젝트 관리 전문가 내용을 간단히 알려줄 테니까 들어보고 시간 되면 PMP[3] 책을 읽어 보라고. 김대리 혹시 PMP 자격증 가지고 있나?

김대리   아니요. 저는 아직 없습니다. 사실 따고는 싶은데 어떻게 해야 할지도 몰라서. 전 현장에서 전기 기술자로 일을 해서 PMP가 사실 필요한 것은 아니지만 들어 본 적은 있습니다.

최부장   잘 됐네. 이번에 입찰 끝나고 나면 공부 열심히 해서 취득하면 앞으로 많은 도움이 될 거야.

프로젝트란 먼저 특성을 이해하고 있어야 해. 간단히 말하면 '유일무이한(Unique)'과 '일시적인(Temporary)' 의미가 중요한 키워드야. 그래서 세상에 동일한 프로젝트가 없다는 말은 맞는 말이지. 프로젝트는 또한 시작과 끝이 있다는 말로도 표현하지. 생각해 보면 아무리 동일한 프로세스를 가지고 있다고 해도 모든 환경이 다르기 때문에 입찰을 할 때마다 처음부터 조사해야 하는 어려움이 있어. 그리고 어떠한 프로젝트도 시작이 있으면 끝이 있다는 특징이 있지. 그러면 입찰 시스템은 만들기 쉬울까, 어려울까?

---

[3] **PMP**(Project Management Professional): PMI에서 부여한 민간 자격증이며 프로젝트 관리 전문가를 의미.

김대리 제가 생각하기에는 입찰 시스템은 당연히 만들기 어려울 거 같아요. 프로젝트 특성[4]을 생각해 보면 쉽게 생각을 할 수 있을 거 같아요. 그리고 그러한 시스템을 만들기가 쉽다면 누구나 만들어서 프로젝트를 모두 독식할 수 있는 거 아닌가요?

최부장 아마도 입찰 시스템을 가지고 있는 회사도 있고 그러한 시스템을 통해서 좋은 성과를 내는 회사도 있다고 생각은 돼. 그러나 건설 플랜트 분야는 너무도 광범위하고 내용이 복잡해서 지금까지 정말 입찰에 사용해 볼 만한 시스템은 아직 본 적은 없지만, 상용 프로그램이 건설 분야에도 있기는 하지. 물론 내가 모른 누군가가 사용하지 말라는 보장은 없고. 요즘은 인공지능 시대다 보니 입찰을 전문적으로 할 수 있는 인공지능[5] 시스템 개발에 노력을 하는 것으로 알고 있어.

김대리 네, 부장님께서 인공지능 말씀을 하시니 갑자기 어렵다는 생각이 확 드네요.

최부장 하하, 김대리 너무 걱정할 것은 없어 배우면 어렵지는 않을 거야. 잘 들어 봐! 질문은 어느 때나 환영하니 이해가 안 가면 바로 질문을 하도록 해. 오늘은 입찰 조직에 관해서 이야기해 볼까? PMP에서 보면 프로젝트를 수행할 때 각각의 장단점을 잘 설명해 놓았지. 건설 분야의 프로젝트 조직은 매트릭스 조직[6]이나 프로젝타이

---

[4] **프로젝트 특성**: 한시적(Temporary), 유일성(Unique), 한시적 자원.

[5] **인공지능(Artificial Intelligent)**: 인간의 학습능력과 추론능력, 지각능력, 자연언어의 이해능력 등을 컴퓨터 프로그램으로 실현한 기술.

[6] **매트릭스(Matrix) 조직**: 프로젝트 조직과 기능직 조직을 절충한 형태의 조직.

즈 조직[7]이 장점을 많이 가지고 있어서 기능 조직[8]보다는 프로젝트 수행 시는 프로젝타이즈 조직을 구성하고 입찰 때는 매트릭스 조직을 구성하지.

당연히 우리의 경우도 입찰이라 매트릭스 조직을 구성하게 될 거야. 회사 홈페이지에서 관련 조직도를 찾는 것이 먼저 김대리가 해야 할 일이지. 조직을 어떻게 구성하는지가 정말로 중요하지. 훌륭한 군주는 명장을 잘 알아보는 법이지 않겠어? 뭐 명장의 기준은 학력, 자격증, 경험, 열정 여러 가지가 있겠지만 그중에서도 제일 중요한 것은 유사한 일을 많이 해 본 사람을 참여시키는 것이야. 그래서 일단 PM 팀원을 구성할 때는 유사 프로젝트 경험자로 우선해 달라고 반드시 이메일을 보낼 때 부서장에게 요청하는 것이 좋겠어.

김대리 알겠습니다. 부장님.

최부장 그리고 입찰 관련된 분야별 LE[9]를 관련 부서장들께 요청해서 일주일 안에 모든 인원을 확보한 후 다음에 할 일은 당연히 계약서 및 영업부서에서 접수한 입찰 CD를 모두 배포하고 입찰 설명회 일정을 최대한 빨리 잡아야 할 거야. 조직이 만들어지기 전까지 김대리는 무엇을 해야 한다고 생각하나?

김대리 아마도 입찰안내서 내용 중 계약서[10]를 읽어 봐야 하지 않을까요?

최부장 맞는 말이기는 하지. 조직이 만들어지면 바로 입찰을 공식화하

---

[7] **프로젝타이즈(Projectized) 조직**: 프로젝트 전체가 하나의 팀을 이루고 동일한 공간에서 주어진 업무만 수행하는 경우.
[8] **기능(Functional) 조직**: 전통적인 조직으로 부서 단위로 업무를 수행하는 조직.
[9] **LE**(Lead Engineer): 프로젝트 전기, 기계, 토목 등 분야별 대표 엔지니어.
[10] **계약서**(Contract): 발주처로부터 접수한 입찰안내서 내용 안에 포함된 계약적인 내용이 기술된 문서.

는 작업이 급해. 입찰을 공식화한다는 말은 입찰에 소요되는 비용을 받아야 한다는 말이지. 입찰 비용을 받기 위해서 우리가 준비해야 할 일들이 많이 있어 입찰 심의를 통과해야 하고 관련 프로젝트 리스크[11] 정보도 작성을 해야 하고 계약서 내용도 요약해서 작성을 해야 하고, 개략적인 입찰 비용도 모두 작성을 해야 하지. 짧은 시간에 이러한 모든 일들이 일어나기 때문에 정말 빨리 움직이지 않으면 입찰 일정을 맞추는 것이 힘들 거야. 늦어도 한 달 안에 이러한 모든 일들을 맞춰야 하고 이런 제반 사항은 빠르면 빠를수록 좋으니 과거 입찰 자료를 줄 테니 관련 내용을 보고 미리 숙지를 하고 만들 것은 만들고 준비를 잘 하도록 해.

입찰은 최전방에서 돌격하는 돌격 대장이나 공수부대 정도라 생각하면 될 거야. 다소 과격한 말이기는 하지만 죽기를 각오하고 초반전의 전투를 승리로 이끌어야 후반에 여유를 갖지 전반에 늦으면 다시 밀고 올라 가기란 정말 힘들 거야. 난 입찰을 소리 없는 전쟁에 비유하지. 하여튼 입찰은 전쟁에 비유할 정도로 중요하고 특히 초반의 선제 대응은 너무도 중요하니 관련 절차를 잘 숙지했으면 좋겠어.

김대리 입찰이 정말 어렵다는 생각이 드네요. 좀 편하게 입찰을 하는 방법이 있으면 좋을 텐데요.

최부장 자주 하다 보면 익숙해지거나 회사 입찰 시스템을 잘 갖추고 있으면 좀 편하겠지. 가끔은 자기 돈으로 하는 것이 아니라고 적당히 하는 경우를 본 적도 있기는 하지만 우리가 해외 플랜트 입찰에

---

[11] **리스크**(Risk): 긍정적 또는 부정적인 영향을 미치는 불확실한 요소.

실패 했을 때 회사가 기회비용을 10억 원에서 많게는 20억 원 이상 입찰에 투입 한 비용을 한 푼도 건질 수 없다는 생각을 하면 책임감이 느껴져 놀려고 해도 긴장되어 입찰 기간만큼은 놀지 못하게 될 거야. 그리고 입찰은 2등이 없기 때문에 1등을 해야 하는데 정말 부담스러운 일이야. 대형 건설 회사는 기본 입찰 비용만 1년에 100억 원 이상 되는 것으로 알고 있어 정말 어마어마한 금액이지 물론 입찰 성공 확률을 보면 10% 정도도 안 될 때가 많아. 하여튼 상황에 따라서 차이는 있겠지만 쉽지는 않다는 것을 이해하면 될 거야.

김대리 알겠습니다. 부장님, 제가 예약한 시간이 거이 다 되었습니다. 다음에는 길게 예약을 하겠습니다.

최부장 그래! 오늘은 이 정도로 하고 내일은 입찰 준비 시 해야 할 좀 더 기술적인(Technical) 사항을 이야기할 테니까 오전 시간을 예약하도록 하고, 입찰서 열심히 읽고 내일 보자고.

김대리 네, 알겠습니다.

• • •

최부장 김대리, 미팅 가지?

김대리 네.

최부장 우리가 작성할 입찰서 내용을 보면 PMP에서 설명하는 목차와 비슷한 것들이 많아서 내가 설명을 안 하고 넘어가면 PMP 내용을 찾아서 읽어보는 것이 좋을 거야.

김대리 네, 이번 프로젝트가 끝나면 저도 꼭 PMP 자격을 취득하도록 해야겠네요.

최부장 아마도 그게 좋을 거야. 해외 프로젝트는 PMP를 가지고 있으면 PM을 우대해 주는 경우가 많이 있고 회사 자격증 수당도 있으니 일석이조 아니겠어? 난 PMP를 20년 전에 접했고 10년 동안 입찰을 열심히 하면서 사실 이해를 할 수 있었지만 막연하게 PMP를 알고 있다거나 입찰을 한두 번 해서는 잘 와닿지 않을 거야. 어제 입찰 조직은 대략 이야기를 했고 오늘은 계약서에 나와 있는 큰제목 위주로 설명을 할 테니 잘 듣고 필요한 부분은 메모도 해야 할 거야.

김대리 네.

최부장 어제 입찰을 하기 위해서는 본사로부터 입찰 비용을 산정해서 미리 비용 확보하는 일이 중요하다고 설명했고 그런 것들은 내부적인 일이지만 실질적인 일은 입찰서를 잘 꾸미는 일이 중요할 거야. 입찰서에 요구하는 내용을 먼저 리스트로 만들어 차근차근 준비하는 것이 무척 중요해. 혹시 실수로 하나라도 놓쳐서 기술되어, DQ[12]되는 경우에는 사유서를 작성할 정도의 중요한 문제가 될 수 있어. 그건 그렇고 입찰안내서 목차는 잘 이해를 했나?

김대리 제가 경험이 없어서 생소한 내용들이 많아서 이해하기 어려웠습니다. 특히 스케줄은 공정관리 Software[13]를 사용해서 제출해야 할 문서가 많아 보였습니다.

최부장 그래! 맞는 말이야. 입찰 스케줄을 잘 작성하는 것이 입찰에서 굉장히 중요한 역할을 하지. PMBOK 내용 중 6장 일정 관리에 잘 설명이 되어 있기도 해. 스케줄은 기본적으로 프로젝트 범위, 원가,

---

[12] **DQ**(Disqualified): 자격 미달의 통보를 받으면 다음 단계를 진행하지 못함.
[13] **Software**: 건설 공정관리 Software는 해외 입찰의 경우 주로 Primavera를 사용하고, MS Project 등의 기타 관련 Software가 다양하게 있음. 과거에는 Excel을 이용해서 Bar-chart 형식으로 제출하기도 했음.

품질, 리스크 분야 와도 밀접한 연관이 되어 있어서 관련 분야를 모두 이해하고 있어야 업무가 수월할 거야.

김대리 그러면 이런 분야는 누가 담당하나요?

최부장 순수한 공정관리 분야는 당연히 공정팀이 있기 때문에 공정관리 Software를 사용해서 제출하는 분야는 모두 해결될 거야. 그러나 관련 성과품[14]이 나오기 전까지는 PM팀에서 지원해야 할 일들이 많아 쉽지는 않을 거야. 부서장들에게 LE 선정 이메일을 모두 보냈나?

김대리 네, 어제 10개 부서에 보냈습니다.

최부장 10개 부서면 순수 설계팀에게만 보낸 건데 제출해야 할 문서를 보면 알겠지만 구매, 스케줄, 안전, 품질 그리고 법무팀에게도 동일하게 보내서 LE 선정을 해 달라고 해야 할 거야. 사실 설계를 위한 기술 도면도 그렇지만 기본적인 프로젝트 운영에 필요한 문서도 만만치 않게 많이 작성을 해야 하거든. 오늘은 내가 입찰서에 기록된 내용을 기준으로 준비한 기술 입찰서[15]에 포함될 목록을 보면서 이야기하면 될 듯해. 이 리스트에 언급된 사항의 역할과 책임을 모두 구분한 후에 각 부서 LE가 선정되면 바로 확인을 하면 될 거야.

김대리 이 많은 내용을 언제까지 해야 하나요?

최부장 2개월 안에 기술 부서[16]를 제외한 모든 문서는 가능하면 빨리 끝내는 것이 좋고 Engineer가 해야 할 문서는 외주[17]가 완료되

---

[14] **성과품**(Deliverable): 프로젝트 수행 시 최종 도면이나 결과물.
[15] **기술**(Technical) **입찰서**: 금액을 포함하지 않고 기술적인 내용만 기술된 서류.
[16] **기술 부서**(Technology Division): 기술 관련 업무를 수행하는 부서.
[17] **외주**: 건설 입찰에 필요한 정확한 물량을 산출하기 위해서 별도 외부 설계 용역을 활용함.

고 2개월 안에 모두 완료하는 것으로 스케줄을 작성하면 될 거야. 그리고 회사 표준으로 대체 가능한 문서들은 담당자와 협의해서 준비하면 되고 표준이라도 입찰서에 맞추어 수정이 필요한 경우 관련 부서와 협의해서 1개월 안에 이런 문서들은 제출하면 좋을 거야.

김대리 네, 알겠습니다.

최부장 우리가 입찰서를 제출할 날이 118일 남았구먼. 내일은 입찰 경험이 있는 조과장이랑 신입사원 허사원이 우리 입찰팀에 배속될 거야. 내일은 업무 분담에 대해서 협의를 할 수 있도록 하자고.

김대리 네.

최부장 어, 다들 왔네. 반가워 조과장. 허사원도 잘 좀 부탁하네.

조과장/허사원 네, 부장님.

최부장 조과장은 입찰 몇 번 해 봤나?

조과장 2년 동안 입찰을 했습니다.

최부장 그러면 회사 입찰 절차[18]는 모두 꿰고 있겠군.

조과장 기본적인 것은 알고 있습니다.

최부장 혹시 PMP는 들어 본 적 있어?

조과장 제가 5년 전에 취득을 했습니다.

최부장 그래! 잘 됐네. 조과장이 이번 입찰 Leading을 잘하면 내가 좀 편하겠는데.

조과장 최선을 다해 보겠습니다.

최부장 다들 오늘 저녁은 조과장, 허사원 환영회 겸 저녁 회식하는 거 어때? 가자고!

---

[18] **입찰 절차**: [첨부 A] 참조.

· · ·

최부장 김대리, 지난번 LE 선정 이메일 답장을 받았어?

김대리 기계팀[19] 제외하고 모두 받았습니다.

최부장 기계 부서에 별도로 확인을 해서 목요일까지 입찰 조직도 구성은 마치고 김대리는 프로젝트 개요를 작성해서 내일 회의에서 PT(Presentation) 하는 것으로 하지.

김대리 네, 알겠습니다.

최부장 오늘 회의에서는 김대리가 정유 프로젝트 개요를 설명할 것이니까 잘 들어보고 질문을 하도록 하세요. 김대리 시작하세요.

김대리 제가 입찰서 내용을 토대로 작성한 공사 개요를 설명하겠습니다. 이 공사는 인도네시아 수도를 기준으로 북쪽으로 50km 떨어졌으며 해안 가까이 있고, 정유 시설을 만드는 공사이며 약 20만 배럴[20]을 생산하는 규모입니다. PMC[21]가 예상한 예가[22]는 약 1조 원 규모이며 저희가 건설한 베트남 정유공장과 크기가 유사해 비교해 본 결과, 금액이 약 2억 달러 정도 낮다는 것을 확인하였습니다.

발주처[23]는 인도네시아 국영 회사이므로 공사하기는 까다롭지만 공사금액을 받는 데는 특별히 문제가 없어 보입니다. 입찰 마감일

---

[19] **기계팀**(Equipment Team): 기계 관련 업무를 수행할 때 플랜트에서는 회전(Rotating) 기계와 장치(Static) 기계로 분류하는 경우가 많음.

[20] **20만 배럴**(Barrel): 대략적으로 20만 배럴이면 우리나라 정유 회사들의 크기가 약 80만 배럴 내외로 1/4 크기로 생각하면 됨.

[21] **PMC**(Project Management Consulting): 발주처와 계약자 중간에서 업무를 조율하는 중간자 역할을 함. 주로 발주처가 고용하는 경우가 많음.

[22] **예가**(Estimation Price): 입찰 전에 조사된 플랜트 EPC 예측 가격.

[23] **발주처**(COMPANY): 공사 발주를 하는 기관 혹은 회사를 의미하며, 입찰서에는 주로 대문자를 사용함. 다른 말로 Client라고도 함.

은 Technical/Commercial 제출일이 동일하므로 입찰 기간으로 볼 때 4개월은 너무 촉박하고 통상적인 입찰 형태로 볼 때 1개월 이상 입찰 연장이 예상됩니다. 경쟁사는 한국업체 3개, 일본 2개, 중국 1개로 총 6개 업체가 입찰 참여 예상됩니다. 계약 형태는 LSTK(Lump Sum Turn Key) 형태로 입찰자 금액 리스크가 예상됩니다. 입찰 형태는 조인트 벤처[24] 혹은 컨소시엄[25] 형태가 가능하며 반드시 현지 업체가 시공을 하는 조건입니다. 본드는 P-bond가 10%, 선수금은 10%입니다. LD[26](Liquidation Damage)가 있는데 최종 계약 금액의 20%까지이며 요율은 0.15%/day입니다. 하자 보수 기간은 PAC[27] 이후 1년입니다. 그리고 첨부에 전체 배치도 및 블록 다이어그램[28]을 보시면 세부적인 사항을 확인할 수 있습니다. 이상입니다.

최부장 이틀 동안 나름 열심히 해서 내용이 충실하구먼. 그런데 입찰 형태를 우리가 선택하게 되어 있는데 JV(조인트 벤처)와 컨소시엄 중에서 뭐가 더 좋은지 알고 있나?

김대리 사실 인터넷에서 찾아보기는 했지만 특별한 차이점은 JV는 하나의 회사처럼 만들어서 운영하고, 책임은 공동으로 지고, 이익은 서로 나누는 형태 정도로만 이해하고 있습니다.

최부장 그럼 우리 회사는 어떤 형태로 입찰을 해야 할지 생각을 해 봤나?

---

[24] **조인트 벤처**(Joint Venture): 하나의 프로젝트를 2개 이상의 회사가 하나처럼 입찰 리스크와 이익을 공동으로 책임짐. JV라고 함.
[25] **컨소시엄**(Consortium): 하나의 프로젝트를 각사 책임하에 리스크와 이익을 각자 책임짐.
[26] **LD**(Liquidation Damage): 발주처에 손해를 끼친 경우 계약서에 의거해서 보상을 해 줌.
[27] **PAC**(Provisional Acceptance Certificate): 예비 준공 증명서.
[28] **블록 다이어그램**(Block Diagram): 장치 또는 시스템의 구성을 나타내는 그림.

김대리 아직 거기까지는 생각 못 했습니다.

최부장 조과장은 입찰을 2년 했다고 했는데 JV나 컨소시엄으로 한 입찰이 있나?

조과장 네, 제가 지난번에 한 입찰이 사실은 오늘 예로 든 베트남 정유인데요 일본 업체와 JV로 입찰서를 작성해서 제출을 했습니다.

최부장 그럼 우리 인도네시아 프로젝트는 어떤 형태가 입찰에 유리해 보이나?

조과장 사실 좀 더 많은 정보가 필요해 보입니다. 회사의 규모나 기술력에 따라서 JV나 컨소시엄 형태에 영향을 미칠 것으로 생각이 됩니다. 차후 조사 후 관련 내용을 협의하는 것이 좋을 듯합니다.

최부장 조과장 말대로 이 내용은 아직 시간이 있으니 관련 사항을 확인하고 진행하도록 하고 다른 사람들은 김대리 발표 내용에 대해서 질문하고 10분 후에 점심 먹으러 가면 되겠네.

허사원 제가 정말 몰라서 그런데요. LSTK 계약이 정확히 약자가 뭐고 어떤 계약을 의미하나요?

김대리 약자는 Lump Sum Turn Key이고요 저의 짧은 소견으로는 입찰 시 모든 계약 금액을 일괄로 제출하고 특별하지 않은 한 계약 금액 내에서 공사를 완료해야 하며 마지막에 발주처에 열쇠만 주면 된다는 정도로 알고 있습니다.

최부장 김대리가 말은 잘 했어. 조과장, 관련해서 혹시 참고할 문서를 가지고 있나?

조과장 네, 제가 PMP 공부할 때 관련 부분에 대해서 본 적이 있습니다. 관련 내용을 확인해서 이메일로 전달하도록 하겠습니다.

최부장 그래, 나도 지난번 프로젝트에서 관련 내용을 교훈[29]으로 작성한 것들이 있으니 서로 공유하는 것으로 하지. 그리고 금요일까지는 계약서 모두 읽고 관련 요약 발표를 조과장이 진행하는 것으로 하면 어떨까?

조과장 하루 동안 정리하기는 좀 힘들어 보이기는 하지만 중요한 포인트 중심으로 간단하게 1차 요약 정도는 가능합니다.

최부장 그럼 그렇게 해. 시간이 다 된 것 같은데 금일 회의는 마치고 점심 먹으러 가자고.

조과장/김대리/허사원 네.

최부장 벌써 주말이네!! 오늘은 조과장이 발표하기로 했지?

조과장 어제 김대리가 발표한 내용 중 유사한 내용은 제외하고 발표를 하겠습니다. 먼저 공사 역무를 보면 저희가 설계 단계부터 구매, 시공, 시운전까지 책임이 있습니다. 설계 부분에서 특이한 점은 Licenser 설계[30] 관련해서 EPC 업체가 관련 내용을 모두 책임지는 조건이라 리스크가 커 보입니다. 구매 중에서는 LLI[31]가 발주처에 의해서 미리 발주가 된 사항인데 Toll Tower 제조 기간이 40개월로 기 발주가 되었으며 시공 스케줄과 연계해서 발주처가 인도하는 조건으로 불분명한 계약 부분이 있어 보입니다. 마지막 시운전[32] 분야인데 시운전 일정이 과도하게 빨리 잡혀 있다는 것입니다. 입찰서 내용에 언급된 공사 기간은 36개월이나, 20개월부터 시운전을

---

[29] **교훈**(Lessons Learned): 프로젝트를 수행하는 과정에서 습득한 지식으로, 과거에 프로젝트 사건을 처리한 방법 또는 향후 성과개선 목적으로 따라야 할 처리 개선 방법을 제시함.

[30] **Licensor 설계**: 공장 설계에 대한 특허권을 가지고 있는 회사.

[31] **LLI**(Long Lead Item): 제작 기간이 길고 중요한 기기.

[32] **시운전**(Commissioning): 시공을 완료 후 공장을 운전하면서 문제를 확인하는 단계.

부분적으로 시작하도록 되어 있어서 시운전 비용 및 인원 계획을 잘 세우지 않으면 비용이 많이 올라갈 듯합니다.

그리고 저희가 CMMS[33] 구축을 모두 하기로 되어 있는데 저희 회사가 아직까지 경험하지 못한 부분으로 리스크가 있어 보입니다.

그리고 제가 계약문서 내용 및 관련 도면(Drawing)과 설명서(Specification)를 검토하던 중에 IT(Information Technology)에 관해서는 계약서에 명기한 내용과 설명서에서 명기한 내용이 상호 차이가 많아 확인할 부분이 있습니다. 이번 프로젝트는 발주처에서 IT Manager 2명을 파견하라는 계약 조건이 있어 IT 내용을 상세히 검토하여 입찰 금액에 반영해야 할 듯합니다. 마지막으로 자국 보호정책의 일환으로 Local Contents[34]를 50%까지 상향해 놓았습니다. 사실 인도네시아는 정유 산업이 발전하기는 했지만 저희가 50% Local Contents를 맞추는 것에 대해서는 상세한 조사가 필요해 보입니다. 마지막으로 덧붙이자면 Laydown Area[35]가 상당히 부족해 보입니다. 실상 프로젝트 할 때 저희 현장 CAMP에 공사 자재를 보관하려면 상당한 부지가 필요한데 보통 제공하는 Laydown의 50% 정도 제공하는 것으로 보입니다. 뭔가 새로운 전략이나 발주처에 좀 더 넓은 Laydown Area를 요청할 필요가 있어 보입니다. 이상입니다.

최부장 조사는 잘했는데 제세 공과금 관련해서 법인세, 소득세 그리고

---

[33] **CMMS**(Computerized Maintenance Management System): 설비 보전 시스템으로 Spare Part 관리 기능도 있음.

[34] **Local Contents**: Domestic Contents라고도 하며, 자국 산업을 보호하기 위해서 물건을 직접 자국에서 조달하도록 하는 방식.

[35] **Laydown Area**: 장비 혹은 자재를 야적하기 위해서 임시로 발주처가 제공하는 장소.

관세 등에 조사한 내용은 있나?

조과장 죄송합니다. 아직 세무 관련 사항은 조사하지 못했습니다.

최부장 하나만 더 질문하지. 이제 해상으로 많은 기자재가 들어갈 텐데 동절기 포함해서 특별히 문제 되는 것들은 없나?

조과장 인도네시아는 항구 시설은 특별히 잘되어 있어서 중량이 무거워도 특별히 문제는 없는 것으로 알고 있습니다. 그리고 기후 조건도 특별히 여름철 우기를 제외하고는 특별히 운송을 하는 데 크게 제약을 받지는 않습니다. 물론 육로 또한 저희 현장이 가까워서 특별히 운송을 위해 별도 루트를 수정하거나 보안에는 문제가 없는 것으로 알고 있습니다.

최부장 내가 발주처가 제공한 물류 계획[36]을 살펴보니 발주처가 준 내용에는 우리가 항구에서 현장까지 가기 전에 다리가 있는 것으로 확인되는데 높이는 10m, 무게는 500t 이하로만 다닐 수 있는 규정이 있던데 확인했나?

조과장 네, 확인했습니다. 관련해서는 차후 운송 업체와 협의가 필요해 보입니다. 사실 저희 아이템 중에는 10m가 넘는 것이 1개, 중량이 500t 넘는 아이템이 3개가 포함되어 있어서 설계 시 반영을 해야 할 것으로 고려하고 있습니다.

최부장 더 궁금한 점이 있으면 질문하세요?

허사원 EOT/ED라고 쓰인 부분이 있는데 정의를 알 수 있나요?

조과장 EOT는 Extension of Time의 약자이고 차후 우리가 클레임을 준비할 때 꼭 이해해야 하는 분야입니다. ED[37]는 우리가 입찰에

---

[36] **Logistic Plan**: 구매한 물건이 현장에 도착할 때까지의 운송 경로를 계획함.
[37] **Effective Date**: 계약이 공식적인 효력을 발생하는 날짜.

성공을 한다고 해서 바로 공사를 시작할 수 있는 것은 아니며 계약서에 명기한 조건을 맞추어야만 공사를 시작할 수 있습니다. 가령 AP Bond[38]를 제출하는 것이 있는데 관련 Bond를 제출하고 기타 요구한 사항을 맞추면 ED가 시작되며 프로젝트가 시작된다는 의미입니다. 당연히 프로젝트가 공식적으로 시작되어야 발주처로부터 선수금을 받을 수 있고 매월 기성을 받을 수 있으므로 관련 조항이 프로젝트 시작할 때 중요합니다.

최부장 김대리, 다음 주는 부서 LE 조직도와 입찰 조건표를 완료하고 화요일에 모든 LE 포함해서 입찰 설명회 미팅을 하는 것이 좋겠어. 우리가 접수한 CD를 미리 배포하고 다음 주 화요일에 미팅 참석 공지 부탁해.

김대리 네, 알겠습니다.

김대리는 열심히 미팅 준비를 위해서 각 부서의 EDMS[39]를 통해 관련 부서에 CD를 배포했으며 더불어 각 부서에서 제출한 조직도를 검토한 후 결재 문서에 맞추는 작업을 했다. 물론 허사원과 조과장은 프로젝트에 합류한지 며칠 안 되어 입찰안내서를 열심히 파악하는 중이었고, 최부장 또한 전반적이 프로젝트를 이해하기 위해 기존에 수행했던 작업들이나 본인이 했던 유사한 프로젝트와 비교를 하면서 이번 프로젝트의 특징을 파악하느라 계속 야근을 하고 있었다. 드디어 첫 번째 부서와 미팅이 잡혔다.

---

[38] **AP**(Advance Payment) **Bond**: 선수금을 보증하기 위해 발행하는 채권.
[39] **EDMS**(Electronic Document Management System): 다양한 형태의 문서와 자료를 그 작성부터 폐기에 이르기까지의 모든 과정을 일관성 있게 통합 관리하기 위한 시스템이다. 건설사가 수많은 도면을 관리하는 중요한 시스템 중의 하나임.

최부장 김대리, 금일 미팅에 못 온다고 연락받은 LE 있었나?

김대리 연락하신 분은 없었습니다.

최부장 다시 한번 참석 유무를 확인하고 지난번에 복사한 10부를 필요한 부서에 배포하는 것으로 하세요.

김대리 네, 알겠습니다.

・・・

최부장 인도네시아 프로젝트 입찰 진행을 담당할 PM입니다. 입찰 기간 최소 4개월 정도를 여러 부서 LE 분을 모시고 함께 일하게 되어 기쁩니다. 많은 도움과 협조 부탁합니다. 오늘은 첫날이어서 간단하게 프로젝트 개요 정도 소개를 하고 PM 쪽에서 개략적으로 작성한 입찰 스케줄에 대해서 설명하고 끝내는 것으로 하겠습니다. 제가 작성한 스케줄은 지난번 유사 프로젝트를 기준으로 수정한 내용이니 참고하여 주시기 바랍니다. 다들 아시겠지만 보통 입찰 기간이 5개월 이상인데 이번 입찰은 4개월이라 사실 저희 회사 절차에 따라 모두 진행하면 너무 촉박한 관계로 최대한 프로세스에 맞추어 시간을 타이트하게 진행을 하도록 해야 됩니다. 프로젝트 기간 동안 많은 협조 부탁합니다.

이미 입찰안내서를 배포해서 프로젝트 내용은 아실 것으로 이해는 됩니다. 저희가 지난주 받아보고 확인한 내용에 따라서 관련 스케줄을 작성했습니다. 우선 스케줄 부서는 2주 안에 마스터(Master) 스케줄 작성 배포 부탁드리며 45일 안에 세부 스케줄 제출 부탁합니다. 저희가 외주 결재를 2주 안에 결재를 득할 예정인데 각 부서는 필요한 외주를 2주 이후에 즉시 내보낼 준비를 하여 주시기 바랍니다. 그리고 모든 물량은 외주 1개월 안에

1차 완료되고 최종 물량은 45일 안에 완료 기준으로 스케줄이 작성되었습니다. 주요 기기 관련해서는 기 배포한 입찰안내서를 확인하시고 2주일 안에 아이템별 RFQ[40] 작성 후 입찰구매팀에 제출하여 주시기 바랍니다. 기타 구매 금액 완료 일정은 BOQ[41] 완료 일정에 맞추어 TBE[42]/CBE[43]까지 모두 완료하여 주시기 바랍니다. 그리고 품질 및 안전 관련 부서는 입찰서에 제출할 절차서 및 관련 문서를 한 달 안에 모두 제출 부탁드리겠습니다. 혹시 질문 있으시면 말씀하여 주시기 바랍니다.

기계 LE 저희들의 입찰 금액 완료를 위해서는 외주 계약 후 2개월가량 소요가 됩니다. 경쟁입찰[44]을 수행한다면 2주 정도의 손실(Loss)이 생기므로 현재 입찰을 하고 있는 업체로 선착수[45]하고 싶은데 가능하나요?

최부장 선착수는 아시겠지만 회사에서 최대한 줄이라는 지시를 받은 터라 쉽게 경영층의 결재를 받기 어렵습니다. 그렇지만 저희 입찰 기간을 고려할 때 가능하면 기계팀만큼은 선착수가 가능하도록 협의해 보겠습니다.

배관 LE 저희 배관팀은 기계보다는 외주가 더 많다 보니, 모든 배관을

---

[40] **RFQ**(Request for Quotation): 실제 구매의 첫 단계가 되며 이를 토대로 발주 주문을 내고 업체가 이를 받아들이면 계약이 이루어지게 됨.
[41] **BOQ**(Bulk of Quantity): 배관자재, 전기자재, 보온자재 등 Plant 시스템에 Tag로 관리하지 않은 자재.
[42] **TBE**(Technical Bid Evaluation): 입찰자가 제출한 문서의 내용을 기술적 면에서 비교/평가.
[43] **CBE**(Cost Bid Evaluation): 입찰자가 제출한 문서의 내용을 금액적인 면에서 비교/평가.
[44] **경쟁입찰**(Competitive bidding): 다수의 입찰자를 참여시켜 경쟁으로 낙찰자를 선정하여 계약을 성립시키는 입찰방법.
[45] **선착수**: 경쟁 입찰을 하지 않고 바로 계약을 하는 수의 계약 방식을 의미함.

입찰 설계하려면 반드시 선착수가 필요합니다. 같이 확인 부탁드립니다.

최부장 네, 제가 다음 주까지 확인해서 공식 이메일로 관련 사항을 통보하겠습니다. 더 이상 질문 없으면 금일 미팅을 마치겠습니다. 앞으로 매주 화요일은 동일한 시간에 동일한 장소에서 프로젝트 미팅을 진행하겠습니다. 참석 부탁합니다.

스케줄 LE 저희도 스케줄을 작성하려면 관련 문서들이 필요합니다. 최대한 각 부서별 MSR[46] 및 PM 인원 동원 스케줄을 다음 주 미팅 전까지 부탁합니다.

최부장 네, 저희는 1차 인원 동원 계획을 부서와 협의 후 최대한 빨리 보내드리겠습니다. 타 부서도 MSR은 가능하시다면 빨리 작성해서 보내 주시기 바랍니다. 오늘 미팅은 여기서 마치고 다음 주 뵙겠습니다.

부서로 돌아와서 최부장은 금일 미팅에서 논의된 사항을 PM팀 구성원에게 업무 배분을 한다.

최부장 금일 미팅 내용은 허사원이 정리해서 MOM[47]으로 배포하고 조과장이 오늘 나온 선착수 진행 및 외주 계약 진행을 위한 절차를 확인 후 준비하면 좋겠어. 김대리는 각 부서의 자료가 적절하게 배포되는지 잘 조정하고 금일 미팅에서 언급한 실행 인원 동원 계획과 스케줄 작성을 위한 기본 자료를 각 부서로부터 접수 정리 바랍니

---

[46] **MSR**(Material Status Report): 기자재의 구매를 위한 예비 활동 진행 상황 보고서.
[47] **MOM**(Memorandum): 회의한 내용에 대해서 간단하게 작성한 문서. [첨부 E] 참조.

다. 다들 이해했나요?

조과장/김대리/허사원   네.

조과장은 부서에서 돌아오자 열심히 선착수 가능 여부를 기획팀에게 물어 보고 외주 설계를 위해서 기본 초안을 작성하였으며 김대리는 EPC 인원 동원 계획을 EDMS를 통해서 요청을 하고 허사원은 미팅에서 언급한 내용을 열심히 MOM 작성한 후 관련 부서에 검토 메일을 보내기 위하여 준비를 한다.

Quick Tips!

초기 입찰 PM, PE 구성은 입찰의 성패를 좌우한다.

입찰의 성패는 입찰을 담당한 PM, PE 구성이 정말 중요하다. 입찰서를 받으면 경험이 있는 PM과 PE는 한눈에 입찰서의 수준을 알아볼 수 있어야 한다. 마치 워런 버핏이 1분 안에 재무제표를 보고 회사의 현황을 파악한다고 하듯이 입찰 PM, PE도 한눈에 입찰의 수준을 파악해야만 입찰 조직을 제대로 꾸릴 수 있는 것이다. 스케줄 요구 사항이 어렵다면 당연히 베테랑 스케줄러를 입찰에 할당해야 하고 IT가 어렵다면 IT 전문가의 도움을 받아야 한다. 그리고 잘 모르는 절차서가 많이 있다면 절차서에 능숙한 사람이나 기존에 도움을 받을 자료를 찾아야 한다. 그리고 설계가 제대로 안 되어 있는 경우라면 설계 중심의 팀을 운영하는 방법도 고려해야 한다. 초기부터 실력의 차이는 뒤로 갈수록 점점 벌어질 수밖에 없다.

입찰안내서를 받고 입찰 목록 완료는 1주일 안에 완료해야 한다.

우리가 입찰안내서를 받고 초기에 할 일이 정말 많다. 그러나 가장 중요한 것은 Technical Proposal 목차와 Commercial Proposal 목차를 정확하게 만들어 내고 관련 목차의 Role and Responsibility를 명확히 1주일 안에 구성할 수 있다면 시간이 부족해서 입찰이 끌려갈 경우는 드물 것이다.

입찰 외주 품의서 작성

2nd week

최부장 김대리, 조과장, 허사원, 이쪽으로 와보세요. 내일 부서와 미팅이 있는데 지난주 화요일 진행한 내용 정리되었나요?

조과장 저부터 보고하겠습니다. 제가 관련 부서에 물어봤는데 선착수는 거의 금지된 상태라고 합니다. 힘들어도 모두 공식적인 입찰을 통해서만 입찰 외주가 가능하다고 합니다.

최부장 그럼 외주 품의서는 최대한 빨리 진행하면 언제까지 가능하나요?

조과장 부서로부터 외주 금액 및 입찰 M/H[48] 받고 일주일 정도는 걸리지 않을까 생각합니다.

최부장 그럼 조과장이 배관 기계 부서에 알리고 전 부서에 입찰 외주 금액 및 입찰 M/H을 신속히 받아서 결재 진행이 가능하도록 결재판에 첨부해서 초안을 수요일까지 가지고 오도록 하세요.

조과장 네, 가능하면 빨리 부서에 통보해서 알려 드리겠습니다.

---

[48] M/H(Man/Hour): 작업을 완성하는 데 소요되는 총 인력 투입 시간.

조과장은 열심히 관련 부서에 내용을 알리고 입찰 M/H를 산정하려고 노력은 했지만 부서로부터 관련 금액을 산출하기 위해서는 쉬운 일은 아니라고 한다. 가령 도면의 수도 파악을 해야 하고 없는 자료도 파악을 해서 M/H를 정확히 파악하는 것은 시간이 걸린다고 답변을 들었다. 그러나 조과장은 급하니 최대한 과거의 자료 기준으로 관련 금액을 1차 산출에서 제출하라고 각 부서에게 요구를 하고 있다.

최부장 김대리가 맡은 분야는 잘 됐나요?

김대리 네, 부장님. 공정부서에서 요청한 내용을 부서로부터 받아서 전달했습니다. 기타 입찰 금액 산출을 위한 M/H도 대략 접수했습니다.

최부장 OK. 허사원은 지난 미팅 MOM 수정사항 반영한 문서를 배포했나요?

허사원 네, 부장님.

최부장 허사원이 내일 미팅 회고(Reminder) 이메일을 보내면서 TQ[49]를 준비해서 오라고 부서에 알려주세요.

허사원 네, 부서에 알리겠습니다.

・・・

최부장 인도네시아 프로젝트 관련해서 2차 Meeting에 참석하여 주심을 감사합니다. 지난주에 언급한 내용을 정리하여 말씀 드리겠습니다. 선착수 외주를 진행하겠다는 사안에 대해서 선착수 관련 사항은 금지되어 있다고 회사 방침을 확인했습니다. 그러므로 선착수 없이 공식적인 절차에 따라서 외주를 시행하여 주시기 바랍니다. 물론 어려움이 있는 줄은 알지만 인원이 충분히 가능한 외주 회

---

[49] TQ(Technical Query): 입찰 시작 후 발주처와 주고 받는 문서, 다른 말로 Clarification이라고도 함.

사를 선정하여 주시면 특별히 문제는 없어 보입니다. 그리고 스케줄팀에서 요청한 자료는 부서에서 접수를 해서 모두 송부한 것으로 알고 있습니다. 제가 알고 있는 내용이 맞나요?

스케줄 LE 네, 기본적인 자료는 확인했습니다. 그렇지만 세부 스케줄을 완성하기 위해서는 부서의 물량 요약 자료, 각 기기들 제작 스케줄 확정, 운송 일정 등이 추가로 필요합니다. 이러한 자료도 최소한 제가 스케줄 완료 1주 전까지 주셔야 반영 가능함을 알려 드립니다.

기계 LE 저희들 입장으로 보면 4개월 안에 입찰을 완료한다는 것은 통상적으로 쉽지 않은 스케줄로 알고 있습니다. 발주처에 TQ를 쓸 때 1개월 입찰 연장을 요청하는 것은 어떠하신지요?

최부장 고려는 해 보겠습니다. 우선은 입찰은 동일한 조건에서 타 회사와의 경합을 하는 것을 고려할 때 우리가 먼저 그러한 TQ를 내는 것은 부담스럽네요. 입찰 준비상황을 봐서 관련 TQ를 고려해 보겠습니다.

기계 LE 알겠습니다. 상황을 봐서 저희도 요청을 하겠습니다.

최부장 어제 급하게 보낸 이메일이기는 하지만 양해 부탁드리며 금일 TQ에 대해서 작성 요청했습니다. 작성하신 분들은 모두 제출하여 주시기 바랍니다. 그리고 TQ 중에서 공통 사항이 있으면 알려주시기 바랍니다. PM 부서에서 관련 TQ는 제출하도록 하겠습니다.

전기 LE 제가 비용 요약 내용을 봤는데 비용 요약 표에 전기선이 공통으로 되어 있지 않고 각 지역별로 나누어 제출하라고 했는데 아시겠지만 전기선을 지역별로 나누는 것은 어렵습니다.

계장 LE 저희도 전기와 동일한 TQ 부탁합니다.

최부장 저도 가끔 이런 비용 표를 볼 때마다 왜 발주처가 이렇게 나누었는지 이유는 알 수 없으나 상당히 문제가 있는 사안임을 인지하고 있습니다. 그러나 잘 아시겠지만 계약에 첨부된 문서를 TQ로 바꾸는 것은 쉬운 일이 아닙니다. 차후 확인 후 결론을 내리도록 하겠습니다.

계장/전기 LE 사실 이러한 사안은 초기에 WBS[50]에 반영되어야만 관련 물량을 뽑을 수 있습니다. 최소한 외주 전에 확정이 되어야 합니다. 부탁드리겠습니다.

최부장 네, 알겠습니다. 발주처에 먼저 TQ를 보낸 후 받아 주지 않으면 케이블 시작 시점을 기준으로 Area별 물량을 집계하는 것으로 고려해 보겠습니다.

HVAC[51] LE 광케이블[52]은 한 가닥 지나가는 데 10km 이상을 땅을 파야 하는데 이런 경우는 너무 비효율적으로 보입니다.

토목 LE 토목 설명서[53]에 포함된 내용을 보면 FOC과 함께 묻히는 Base로 설계가 되어 있습니다.

전기 LE 보통은 Noise 현상 때문에 계장 Cable과 전기 Cable이 별도로 가는 것이 상식이기는 한데 가능한 건가요?

계장 LE 네, 일반 동축케이블[54]은 전기 자기장 때문에 사실 전자파가 발

---

[50] **WBS**(Work Breakdown Structure): PM팀에서 프로젝트 목표를 달성하고 필요한 인도물을 생산하기 위해 수행할 전체 작업 범위를 계층 구조로 세분한 계통도.

[51] **HVAC**(Heating, Ventilation, & Air-conditioning): 난방, 환기, 냉방, 즉 이들을 통합하여 말함.

[52] 광케이블 **FOC**(Fiber Optic Cable): 전기 신호를 광 신호로 바꾸어 유리섬유를 통하여 전달하며, 케이블 전파의 간섭을 받지 않고 데이터를 무한대로 보낼 수 있음.

[53] **설명서**(Specification): 제품의 자세한 사양을 적은 설명서.

[54] **동축케이블**(coaxial cable): 한 가닥의 내부 도체를 절연체로 감싸고 그 주위에 동축 외부도체를 감은 것으로, 두 도체를 왕복 전송로로 사용.

생하지만 광케이블은 특별히 전자파 관계없이 함께 Cable을 설치할 수 있습니다.

최부장 금일 말씀하신 내용을 EDMS를 통해서 금주 목요일까지 관련 내용을 등재하여 주시면 저희 팀에서 확인 협의 후 관련 사항을 1차 TQ로 발주처에 보내겠습니다. 추가로 TQ는 하나하나 보내는 것은 어렵기 때문에 일주일에 한 번 정도 취합해서 보내 드리겠습니다. 그리고 TQ 표준 폼(Standard Form)이 이미 입찰안내서에 포함되어 있기 때문에 발주처에 요청한 Format을 반드시 준수하여 주시기 바랍니다. 그럼 금일 회의는 여기까지 하고 다음 주 화요일에 뵙겠습니다.

・・・

최부장 허사원은 미팅 메모 정리를 해서 마무리하고, 조과장은 TQ를 담당하도록 해. 잘 알겠지만 사원이 하기에는 내용 이해가 부족하니까 정리는 허사원에게 시키고 부서에 배포해서 Feedback 받은 내용을 발주처에 배포하는 것은 반드시 조과장이 직접 내용 확인 후 최종 나의 결재를 받아서 발주처에 송부하면 될 듯해. 조과장 혹시 EDMS에 TQ 보내는 시스템 셋업 해 본 경험 있나?

조과장 네. 보통은 번거로워 사용하지 않는데요, 지난번 입찰은 TQ 내용이 너무 많고 해서 EDMS상에 TQ 관리 Module를 통해서 발주처에 TQ를 송부했습니다.

최부장 그럼 조과장 우리도 EDMS를 사용해서 TQ 관리를 하면 어떨까?

조과장 부장님께서 원하시면 하셔도 됩니다. 그런데 이메일 쓰고 결재 받고 자료를 하나하나 등록하면서 관리하는 것도 쉬운 일은 아닙니다. 사실 입찰은 사람이 부족해서 시스템을 사용하는 경우보다 엑셀로 정리하고 직접 메일을 보내는 것이 빠를 수도 있습니다.

최부장 그럼 우리도 TQ 상황을 보고 나중에 사용할 것인지를 결정하는 것으로 하지. 우선 현재까지 접수한 TQ 내용을 잘 정리해서 내일 전체 LE를 모아 놓고 검토 미팅을 하자고.

조과장 네, 부장님.

• • •

최부장 안녕하세요. 벌써 입찰을 시작한 지 열흘이 되었네요. 오늘은 부서에서 보내주신 TQ 내용을 가지고 협의하려고 합니다. 공통된 부분도 있고 해당 부서만의 내용이 있으리라 생각이 듭니다. 우선 배관 부서부터 시작하겠습니다.

배관 LE 3D Modeling Tool[55]을 PDMS[56]로 제출하라고 되어 있는데 우리 회사는 PDS[57] 혹은 SP3D로 하는 것이 좋을 듯합니다. 대부분 플랜트가 SP3D 추세이고 특별히 저희 회사는 SP3D[58]가 강점이라 SP3D로 변경했으면 합니다.

최부장 제 생각에도 그것이 좋을 듯하네요. 그러나 발주처의 답변을 접수하기 전까지 관련 업무는 PDMS로 M/H 산정 및 기타 업무를 진행하여 주시기 바랍니다.

최부장 기계 부서의 TQ 사항을 말씀해 주세요.

기계 LE 대부분의 도면이 PDF 파일로 와서 작업하기에 어려움이 많습

---

[55] **3D Modeling Tool**: 3D로 디자인하는 시스템.
[56] **PDMS**(Plant Design Management System): Bentley에서 만든 3D 설계 시스템.
[57] **PDS**(Plant Design System): Intergraph에서 만든 3D 설계 Program(Old Version).
[58] **SP3D**(Smart Plant 3 Design): Intergraph에서 만든 3D 설계 Program(New Version).

니다. 더불어 발주처에 수정해서 제출할 도면은 Native File 요청하는 것이 좋을 듯합니다.

최부장 Native 도면이 필요한 부서는 다음 주 화요일 전까지 모두 문서 List를 제출하면 발주처에 요청하겠습니다.

전기 LE 이 프로젝트는 일반적이지 않게 전선들이 지상에 설치되는 경우가 많습니다. 특별한 이유가 없으면 트렌치를 이용해서 땅속으로 가는 것이 설계하는 데 일관성이 있어 보입니다. 설계 변경 가능한지 확인 부탁합니다.

최부장 금액적인 면에서 어떤 방법이 유리하나요?

전기 LE 지상으로 가는 것이 금액적으로는 약간 유리할 겁니다. 철골 옆에 전선이 지나가는 자리만 만들면 됩니다. 그리고 전기 손실이 없다는 장점도 있는 반면에 케이블이 지상으로 지나다니면 보기에도 좋지 않아 지하로 가는 것이 좋을 듯합니다.

최부장 일단 TQ로 확인하는 것으로 하겠습니다. 토목 LE는 관련 TQ 설명 부탁합니다.

토목 LE 현재 철골을 이용해서 플레어 스택[59]까지 가는 거리가 멀고 또한 11m 높이이므로 슬리퍼[60] 구조로 가는 것이 경제적으로 좋아 보이는데 혹시 설계를 그렇게 해도 되는지 확인 부탁합니다.

최부장 그 부분은 VE(가치공학)[61]으로 제출하는 것이 좋을 듯합니다. 10km를 슬리퍼 설계하면 금액적으로 큰 이득이 되는 것인데 VE로

---

[59] **플레어 스택**(Flare Stack): 화학 공장의 굴뚝이라고도 하며 폐가스를 태우는 역할함.
[60] **슬리퍼**: 철골 구조와 다르게 콘크리트로 구조를 만든 후 위에 파이프 등이 지나가는 방식.
[61] **VE**(가치공학, Value Engineering): 프로젝트 생애 주기 원가를 최적화하고, 시간을 절약하고, 수익을 증대하고, 품질을 개선하고, 시장 점유율을 높이고, 문제를 해결하고, 자원 효용을 높이는 데 사용되는 연구 방식.

제출하겠습니다. 입찰안내서에도 VE로 가능한 경우는 별도 제출할 수 있으니 VE로 작성하여 주시기 바랍니다. 마지막으로 계장 LE께서 작성하신 CMMS 관련 내용을 자세히 알려 주시기 바랍니다.

계장 LE CMMS 설명서에 자세한 설명이 나와있지 않습니다. 과거에는 CMMS는 발주처가 직접 하거나 공장을 다 짓고 난 이후에 CMMS를 구축하는 경향이 있는데 요즘은 EPC에게 일괄적으로 요구하는 경우가 많아 어려움이 있습니다. CMMS가 생각보다 잔일이 많아서 입찰 시에 적절한 금액을 반영하지 못하면 프로젝트 수주 후 어려움을 겪는 일이 많습니다.

최부장 금일 논의된 TQ[62] 외에도 제출하여 주시면 PMT[63]에서 검토 후 직접 오늘 퇴근 전까지 발주처에 제출토록 하겠습니다. 오늘은 마치고 다음 주 화요일 정규 미팅 시간에 뵙도록 하겠습니다.

---

[62] **TQ**(Technical Query): 입찰 시 입찰자가 발주처에 문의하는 기술적인 내용.
[63] **PMT**(Project Management Team): 프로젝트 관리 업무에 직접 참여하는 팀원.

Quick Tips!

TQ 전략적 사고는 언제나 중요하다.

입찰안내서에는 TQ 제출기한, 제출양식 등이 포함되어있는 경우도 있고, 발주처가 입찰 시작 후 정해진 기간만 TQ를 받는다는 별도의 공문을 발송하기도 한다. TQ는 입찰기간 초반에 많은 시간을 소모하는 부분이다. 가령 5개의 업체가 입찰에 참가할 때 한 업체당 200개 TQ를 예상하면 5개 업체가 최소 1,000개가량의 TQ가 발생하며 이러한 TQ를 발주처의 정책에 따라서 모든 입찰자에게 동일하게 배포하는 경우도 있다. 상황에 따라서 TQ를 놓치고 가면 큰 문제가 되기도 한다. 입찰 참가자들이 중요한 내용을 발주처에 확인(Confirm)을 받는 부분이 많이 있기 때문이다. 심지어는 설계금액에 큰 영향을 주는 내용도 많이 있다. 우습기는 하지만 타 입찰자에게 금액적으로 Up 하는 부분에 대한 TQ는 많이 제출해도 되지만 굳이 금액적으로 도움이 되는 부분을 TQ보다는 VE로 가져가서 입찰에 유리한 고지를 점령하는 것도 입찰의 중요한 전략이기도 하다. 그러나 이러한 생각을 갖지 않고 단순하게 TQ를 통해서 사실만을 확인하고 계속적으로 관련된 TQ 내용을 모두 금액으로 반영한다면 초기의 금액보다 10% 이상 금액이 올라갈 수 있음을 입찰 PM은 고려해야 한다. 마지막으로 역시 입찰은 짧은 기간 동안 많은 분야의 지식을 가지고 있어야 한다. 심지어는 IT 쪽도 많이 알수록 큰 도움이 된다. 그러므로 이러한 어려움을 해결하기 위해서는 입찰 조직도를 확정할 때 IT LE 또한 프로젝트에 공식적으로 참여하는 방안을 고려해야 한다.

3rd week

현지 조사

3rd week

최부장 김대리, 내일 미팅 안건을 각 부서에 보냈나?
김대리 아직 배포하지 못했습니다. 금주 미팅에 별도 주요한 이슈가 있습니까?
최부장 금주는 외주 마무리를 확인해야 하고, 부서 범위에 따라 제출할 성과품의 제출 마감 일정을 정해서 배포하는 것이 중요하네.

김대리는 부서별로 제출할 성과품 리스트를 최부장과 협의하고 이러한 내용을 첨부해서 화요일 정규 미팅을 공지한다. 그러나 성과품 리스트에서 명기된 몇몇 부서로부터 지침 내용이 다르다고 반송 이메일이 접수되었다. 이러한 사항을 최부장에게 보고하고 우리는 미팅 준비를 하였다.

최부장 미팅에 오셔서 감사합니다. 아직 토목 LE 한 분이 안 오셨는데 확인 후 바로 미팅을 시작하겠습니다. 허사원이 전화해 주세요.
토목 LE 늦어서 죄송합니다.
최부장 모두 오셨으니 금일 미팅을 시작하겠습니다. 우선적으로 외주를 모두 완료하신 부서들 중 공개 입찰을 통해서 외주 요청을 하신 부서 있습니까?

배관 LE 저희 부서는 아시겠지만 이미 결재 완료되어 외주 진행했습니다.

기계 LE 저희도 완료했습니다.

최부장 안전팀은 아직 외주 완료가 되지 않은 것으로 알고 있는데 혹시 문제가 있나요?

안전 LE 네, 저희는 건축팀에서 아직 충분한 자료를 못 받아서 대기 중입니다.

건축 LE 지난번에 발주처에 TQ로 요청을 했지만 건축 Layout이 포함되지 않아 저희가 발주처 회신을 기다리는 중입니다. 받으면 바로 전달해 드리겠습니다.

최부장 안전은 기다렸다가 진행해도 스케줄 맞추는 데 지장은 없나요?

안전 LE 네, 저희 부서는 외주 완료 후 2주 안에 작업이 완료되는 정도라서 특별히 문제는 없을 겁니다.

최부장 그러면 제가 발주처로 건축 도면 관련해서 독촉 이메일을 보내도록 하겠습니다. 그러면 안전 외에 외주 관련 사항은 문제가 없는 것으로 이해하고 다음 안건으로 넘어가겠습니다. 다음은 각 부서별 입찰 목록[64]에 담당 부서를 명기했는데 이견이 있다는 말을 김대리로부터 전해 들었습니다. 오늘 관련된 내용을 모두 확정하도록 하겠습니다.

안전 LE 소방 기기 리스트 제출하는 부분이 있는데, 저희 부서는 MR(Material Requisition) 작성을 하지 않는 것으로 되어 있어서 이 내용을 기계팀에 요청하는 것이 맞다고 생각합니다.

---

[64] **입찰 목록**(Proposal Index): 입찰안내서를 근거로 하여 입찰제안서에 포함될 내용을 목록으로 작성함.

기계 LE 이것은 엄격히 말하면 MR 작성은 아니고 단순하게 소방 장비를 제출하는 것이니까 안전팀에서 할 수 있는 일로 생각이 됩니다.

최부장 그럼 소방기기 리스트 제출은 안전팀으로 정하고 차후 QM팀 담당자에게 관련 내용을 확인하겠습니다.

스케줄 LE MDR List는 PM팀에서 작성을 해야 할 듯합니다. 입찰 단계에서는 저희가 MDR을 관여하지 않습니다. 관련 사항을 수정하여 주시기 바랍니다.

최부장 네, 알겠습니다.

시운전 LE 저희 팀에서 Absorbent 설치 관련해서 금액을 산출하게 되어 있는데 저희 팀은 시공 관련 업무를 하지 않기 때문에 금액 산출이 불가합니다.

시공 LE 무슨 말씀이세요? 몇 개월 전에도 이런 문제가 있어서 시공팀 부서장님과 시운전팀 부서장님이 협의한 결과가 공식 문서로 배포되었는데….

최부장은 관련 문서를 확인하기 위해 배포된 문서를 확인하고 관련 사항이 시운전(Commissioning)팀의 범위임을 이해시키고 결론을 내린다.

최부장 문서에 따라 시운전팀[65] 범위로 하겠습니다. 마지막으로 배관팀 내용 발표해 주시기 바랍니다.

배관 LE 라인 리스트 관련해서는 회사 업무 절차에 따르면 입찰 시는 공정팀에서 만드는 것이 원칙입니다. 수행 때는 물론 배관팀이 맞습

---

[65] **시운전팀**(Commissioning Team): 시공을 완료 후 공장 운전을 위해 투입되는 팀이며, 공장 시운전이 완료되면 발추처에 공장을 이전하기 위한 준비를 한다.

니다.

공정 LE 성과품 제출을 위해서는 저희 팀에서 만드는 것이 아니고, 라인 리스트는 단순히 배관 참고 용으로 입찰 때 만들어서 제공하므로 수주 전 발주처 제출용 라인 리스트는 배관팀 역무가 맞는 듯합니다.

배관 LE 저희도 입찰 시에 라인 리스트[66]를 만들지 않아서 좀 곤란해서요. 가능하면 공정팀에서 만들어 주시면 합니다. 그리고 외주에도 이런 내용이 포함되지 않아 외주에 다시 넣으려면 외주 금액 인상이 필요합니다.

최부장 이 분분은 차후 QM팀에게 확인하도록 하겠습니다. 금일 확인 못 한 부분은 이메일로 주시고 다음 주부터 스케줄에 따라서 성과품 준비를 하여 주시기 바랍니다. 그리고 자재 요청(MR)은 작성 즉시 Open된 웹 하드에 올려 주시고 입찰구매팀에게 알려 주시기 바랍니다. 오늘 미팅은 여기서 마치겠습니다.

점점 입찰 관련 처리 내용이 많아지면서 조과장, 김대리, 허사원은 업무를 버거워한다. 당연히 오늘도 야근이 기다리고 있으려니 하고 저녁 식사를 하러 구내식당으로 향한다.

조과장 부장님, 오늘 발주처에서 접수한 문서 내용 중에 현지 조사 일정이 잡혀 있던데 혹시 문서 보셨나요?

최부장 아니 못 봤어. 프린트해서 가져오고 관련 문서를 EDMS 통해서

---

[66] 라인 리스트(Line List): P&ID에서 언급한 배관 라인 번호를 이용해서 정리한 목록.

배포를 부탁해. 그리고 지난번에 건축팀에서 TQ 보낸 변전소[67] 건축 도면에 대한 답신은 받았어?

조과장 In due course[68]라고 답변이 왔습니다.

최부장 가장 애매한 답변을 했네. 그럼 건축팀에서 대략적으로 Layout을 잡아서 안전팀에 넘겨 주라고 하고 발주처 답신과 함께 EDMS로 보내도록 해! 발주처가 언제 정확한 답변을 보낼지 모르겠군.

조과장 네, 알겠습니다.

최부장 현지 조사[69] 일정이 다음 주 목, 금 이틀 동안인데, 다음 주는 내가 출장을 가야 할 것 같으니 조과장이 업무를 잘해 주고 각 부서로부터 현지조사 목록을 받으라고. 혹시 조과장이 가지고 있는 현지 조사 폼[70] 있나?

조과장 저도 관련 업무를 해 본 적이 없어서요 딱히 자료가 없습니다.

최부장 그럼 내가 지난번에 수행한 프로젝트 자료를 보내 줄 테니까 부서가 참고할 수 있도록 첨부해서 보내주게.

조과장 네, 알겠습니다. 그런데 현지 조사에 참석한 적이 없어서 가면 무엇을 하고 가기 전에 무엇을 준비해야 하는지 정말 궁금해요. 부장님 혹시 현지 조사 준비하기 전에 알려 주실 수 있나요?

최부장 그럼 오늘은 잠깐 현지 조사 내용을 확인하고 넘어가자고. 현지 조사는 입찰이 시작하고 보통 한 달 이전에 발주처에서 현장의 상

---

[67] **변전소(Sub-Station)**: 발전소에서 생산한 전력을 송전선로나 배전선로를 통하여 수요자에게 보내는 과정에서 전압이나 전류의 성질을 바꾸기 위하여 설치하는 시설.
[68] **In due course**: 발주처에서 직접 답을 회피하는 답으로 "적절한 때에"라는 답신을 자주 사용할 때가 있음.
[69] **현지 조사(Site Survey)**: 현지 현장의 시설을 확인하거나 조사함.
[70] **현지 조사 폼(Site Survey Form)**: [첨부 B] 참조.

황을 직접 확인하도록 현지 조사를 명목으로 현장에 초대하지. 특히 보수나 개조 공사[71]의 경우는 좀 더 자세히 현장을 보고 와야겠지. 보통 하루나 이틀 안에 현장의 상황을 모두 파악한다는 생각으로 담당자는 현장에 가지만 현실적으로 어려움이 많아. 특히 내부에 설치된 기계장치의 상황을 이해하고 온다는 것은 더욱 어렵지. 땅속에 있는 파이프가 얼마나 부식이 되었는지 기기의 내부 부식 정도가 얼마나 진행되었지 등의 이유는 알기는 어려워. 그래서 보수 공사 관련해서는 공장을 직접 운영해 본 경험이 있는 사람들과 함께 가면 좀 더 도움이 되겠지.

현지 조사는 정말 중요한데 경황이 없이 갔다 오는 경우가 참 많아 보여. 가끔은 형식적으로 참석하고 온다는 느낌도 들어서 좀 답답하기도 하지. 가끔 선진사의 현지 조사 자료를 보고는 정말 놀란 적이 있어. 단순한 현장 조사뿐만이 아니라 그 나라의 중요한 물가, 환율, 인력 등등의 정말 많은 정보를 조사하는 점검표[72]를 본 적 있어. 물론 회사마다 그러한 종류의 자료는 가지고 있기는 하지만 역시 선진사 자료에 비교하면 우리 자료가 좀 빈약한 면이 많아 보여. 우스운 이야기 같지만 실수로 현장의 현지 조사에 참석을 못 해서 프로젝트 입찰에 탈락 위기가 발생하는 경우도 있기 때문에 미리 관련 계약서 및 발주처가 제공한 자료를 잘 이해하고 업무를 수행하는 것이 매우 중요해. 사실 엄청난 돈을 들여서 입찰서를 작성하는 경우라도 발주처에서 요청한 중요한 문서 하나라도 없으면 기술

3rd week

---

[71] **보수나 개조 공사**(Repair, Revamping works): 시설의 전체 혹은 일부가 노후화되거나 개조가 필요한 경우 원형으로 복구하거나 개조하는 공사.

[72] **점검표**(Check List): 어떠한 대상을 점검한 내용을 표 형식으로 나타낸 문서.

입찰에서 탈락하는 경우가 발생하지. 좀 억울하기는 하지만 좀 더 주의를 기울여 업무를 수행할 수밖에 없어.

조과장 물론 열심히 하고 싶지만 쉬운 일은 아니더군요. 사실 입찰서가 영어로만 되어도 내용 파악을 좀 빨리하겠지만 러시아어, 포르투갈어, 스페인어 심지어 인도네시아어 등으로 오면 정말 난감한 경우가 많아요.

최부장 사실 회사가 입찰을 선별할 때 언어 및 기술 등도 고려해서 입찰 업무를 수행하면 좋은데 조과장도 잘 알겠지만 그러한 사항에 대해서 좀 회사가 무감각한 경우가 많아. 나의 개인적인 생각이기는 하지만 사실 우리나라 건설 산업이 타 국가로부터 보호받는 이유 중의 하나를 들라면 한국 언어의 진입 장벽이 높아서 그럴 것이라는 생각도 하지.

조과장 발주처가 보내온 현지 조사 내용에 특별한 내용이라도 있나요?

최부장 기본적인 사이트 방문 일정이 있을 테고, 플랜트 지역을 모두 보여 주는 것은 아니기 때문에 Survey Root를 미리 공지해 알려 주겠지. 그럼 우리가 미리 Google 지도를 이용해서 적절하게 지역의 방위를 잘 알고 가는 것이 좋을 거야. 처음 가면 머리에 전체 도면을 넣고 가더라도 코끼리 발만 보면 정확한 전체 그림을 그림 수 없는 거와 비슷한 이치라고 생각하면 될 거야. 그리고 요청 사항도 있지. 사진을 찍을 수 없다던가 사진을 찍더라도 허가된 장소에서만 찍어야 한다던가 보호 장구를 지급하지 않는 경우는 미리 준비해서 가야 하고 현지 조사 차량은 지원하는 경우가 많으니 한 번 더 검토하고 갈 필요가 있을 거야.

조과장 생각보다 숙지할 내용이 많네요. 그럼 현지 조사 가면 어떤 것들을 조사하는 것이 일반적으로 가장 중요한가요?

최부장 아마도 입찰(Proposal) PM은 사업주[73]와 첫 대면하고 프로젝트 현장을 방문하는 첫 번째 정찰병이기도 하겠지. 개선 작업이 포함된 경우는 주의해서 관련 일들을 잘 파악하고 와야 하는데 현장이 사막인 경우는 덥기도 하고 워낙 Plant가 크고 파악할 것들이 많아서 짧은 기간 동안에 파악하기는 쉽지 않지만 가능하면 많은 엔지니어들이 참석해서 첫 단추를 잘 꿰는 것이 중요하겠지. 그런데 발주처가 현지 조사 인원을 제한하는 경우도 있어. 3인 이하로 제약하면 모든 분야의 Engineer가 갈 수 없으므로 프로젝트의 특성을 잘 고려해서 PM이 현지 조사에 가장 적합한 Engineer를 선별해서 가면 좋겠지. 가령 바다를 막아서 만든 Grass Root[74] 지역이라면 토목 엔지니어를 반드시 포함하는 것이 좋겠지. 땅의 상태를 파악하기에 가장 적합한 분야는 토목 엔지니어이기 때문일 거야. 김대리는 현지 조사 가 본 적이 있나?

김대리 네, 전기 분야에 관련해서 가 본 적이 있습니다. 저의 경우는 현지 조사팀을 따라갔지만 특별히 느낀 점은 없고 단순하게 초기에 저희가 사용할 숙소 전기를 어디에서 연결할지, 발주처에서 알려준 수전 위치 정도였습니다.

최부장 김대리 입장에서야 본인이 전기를 알기 때문에 쉽게 말을 하지만 전기를 전공하지 않은 사람이라면 내용 파악이 쉽지 만은 않을 듯해.

---

[73] **사업주(OWNER/COMPAMY)**: 입찰안내서에서 사업주는 발주처라고도 하며 대문자로 표기함.
[74] **Grass Root**: 공장을 세우기 위한 부지로 시설물이 전혀 없는 부지.

김대리 그럴 수도 있겠네요.

최부장 그렇지. 그래서 관련 전문가가 가는 것이 좋아. 땅은 매립지인지, 토질은 어떤지, 외부로부터 운송에 문제가 없는지, IT system은 연결이 쉬운지, 전기나 기타 유틸리티[75] 등의 보급은 쉬운지 그리고 현지에 갔을 때 현지에서 가능한 내용을 조사하면 좋지만 엔지니어 중심으로 현지 조사를 하다 보니 조사에 한계를 느끼는 경우가 많이 있어. 그래서 요즘은 별도 필요한 관련 분야를 조사하기 위해 현지 조사를 여러 차례 가는 경우도 있지. 일종의 리스크를 줄이는 방법으로 현지 조사를 많이 활용하고 있지. 물론 비용이 많이 든다는 문제만 제외하면 조사 자료는 많으면 많을수록 입찰에 도움이 된다고 생각이 돼.

김대리 그렇군요. 다음부터는 미리 준비하여 입찰에 필요한 요소를 잘 파악하면 좋겠네요.

최부장 현지 조사 관련해서는 조과장이 이해가 어느 정도 됐으면 관련 내용을 잘 준비하도록 하고 부서에 확인해서 현지 조사 때 필요한 내용을 미리 EDMS로 회신 요청하고, 받은 자료는 정리 후 보고 부탁해.

조과장 네, 부장님.

최부장은 3주째 현지 조사가 예정되어 있어서 필요한 업무를 부서원들에게 미리 적절히 배분한 후 LE들로부터 조사한 내용을 미리 정리하여 현지 조사에 참석할 LE들과 내용을 공유 및 협의 후 현지 조사를 떠난다.

---

[75] **유틸리티**(Utility): 화학공장 등에서 원료를 가공할 때 동력 등을 확보하기 위해 사용하는 냉각수, 스팀, 전기 등을 유틸리티라 함.

조과장은 최부장의 자리를 메우기 위해 하루 종일 동분서주하면서 김대리와 허사원에게 업무 지시를 한다. 가장 중요한 것은 발주처 TQ를 잘 확인하는 것이고 성과품 또한 발주처 계약서의 절차를 반영해서 협의한 스케줄에 맞추어 제출할 수 있는지 지속적인 모니터링을 하는 것이다.

3rd week

조과장 허사원! 부장님이 출장 가시기 전에 시키고 간 업무가 있나요?

허사원 특별한 것은 없습니다. 기존에 하고 있는 조직도 등은 다 완료했습니다.

조과장 그럼 Binder 표지 디자인은 디자인팀에 표지 디자인 의뢰하고 입찰안내서에 보면 우리가 만들 입찰서를 제출하는 장소도 적혀 있을 거야. 확인 후 우리가 앞으로 제출할 것들에 대해서 모두 확인 후 정리해서 알려 주세요. 그리고 우리가 제출할 문서에 대해서 표준 폼을 만들어야 합니다. 내가 Sample 자료를 보낼 테니 디자인 및 필요한 내용을 수정해서 부장님 오시면 바로 검토 후 부서로 EDMS를 통해서 배포 부탁해요. 그리고 내일 초안은 저와 한번 확인을 하면 좋겠네요.

허사원 내일 오후까지 정리해서 알려 드리면 되나요?

조과장 네, 김대리는 혹시 급하게 진행하는 일 있나요?

김대리 전 부장님께서 지시한 일은 없고, 부서로부터 받은 M/H 집계하려고 합니다.

조과장 입찰안내서 내용 확인 후 입찰 목록[76]을 만들어 놓으면 좋겠어. 부장님이 돌아오면 최종 입찰 목록을 검토 후 작업을 시작해야 할

---

[76] **입찰 목록**(Bid Index): 입찰안내서를 분석해서 입찰제안서에 들어갈 내용을 목록으로 정리한 자료.

거야. 사실 입찰서를 꾸미는 일중에 제일 어렵고 오래 걸리는 일을 찾으라고 하면 입찰서 중에서 분야별로 절차서를 만드는 일이지 않을까 생각해. 물론 기존 입찰 내용을 수정해서 사용하는 방법도 있지만 너무나도 다양한 절차서가 있기 때문에 모든 절차서를 적절히 이해하고 쓴다는 것은 정말 큰 도전이 아닐까 생각이 돼. 그리고 우리가 제출하는 입찰 내용 평가 항목을 보면 절차서가 큰 점수를 차지하더군, 정말 준비를 많이 해야 할 거 같아. 김대리는 나하고 관련 일을 많이 해야 할 것 같아.

김대리 네, 과장님 사실 저도 해외 입찰 경험이 부족하다 보니 특별히 자료도 없고 과장님께 의지해야 할 사안들이 정말 많아 보여요. 잘 부탁드립니다.

조과장 그래, 함께 열심히 해 보자고.

Quick Tips!

업무 절차 & 범위 조정 위원회

회사가 크다고 모든 업무 규정 절차가 있는 것은 아니다. 물론 세부적인 절차가 있기는 하지만 프로젝트를 수행하다 보면 생각을 못 했던 새로운 업무 내용이 계속 발생한다. 그럴 때마다 모든 일을 PM이 결정하고 판단할 수는 없다. 상황에 따라서는 부서의 힘이 더욱 비대해서 PM은 단순 중재자 역할을 하는 경우도 있다. 이러한 어려움을 해결하기 위해서는 절차가 없거나 개정되거나 하는 사항에 대해서 조정을 해 주는 위원회나 관련 내용을 처리할 수 있는 상설 조직이 반드시 필요하다.

현지 조사는 현지에서 뭘 조사할 건지 명확한 지침을 만들어라!

우리는 출장을 갈 때 여행 가는 기분으로 마일리지를 쌓고 오는 분들이 간혹 있다. 이것은 출장을 갈 때 너무 준비가 부족해서일 것이다. 이러한 중요한 일로 출장을 갈 때는 초보자가 가더라도 이해할 수 있는 제대로 된 출장 지침서를 만들어야 한다.

입찰 목록 작성

4th week

최부장 나 없는 동안 특별한 일은 없었나? 조과장.

조과장 네, 부장님. 특별한 일은 없었습니다. 허사원이 바인더(Binder)에 들어갈 표지 디자인 준비했고, 김대리는 저와 함께 입찰 문서에 들어갈 입찰 목록을 입찰안내서 기준으로 준비를 했습니다.

최부장 이번 정기 미팅에서 현지 조사 관련 내용을 모두 공유한 후에 조과장이 준비한 내용을 검토하도록 하지.

조과장 네, 부장님. 그럼 내일 미팅은 현지 조사 내용을 공유한다고 모두 참석하라고 이메일로 통보하면 되나요?

최부장 그렇게 하도록 하고 먼저 이번에 촬영한 사진은 웹 디스크[77]에 올려서 경로 알려 주고 조사해 온 현지 조사 보고서는 이메일로 보낼 때 첨부를 해서 보내 주도록 하라고.

최부장은 기본적인 현지 조사 Report를 정리하고 지금부터는 입찰제안서 내용을 작성하는 데 전력을 해야 한다는 생각으로 PM팀을 불러 간단히 회의를 진행한다.

---

[77] **웹 디스크(Web-disk)**: 자료를 공유하는 Web Base 시스템.

최부장 조직도[78]도 나름 갖추고 현지 조사도 다녀오고 그다음은 슬슬 기술 문서를 만들어야 하는데 내 경험으로는 쉽지가 않았어. 그래도 다행인 것은 과거에는 정말 해외 입찰 자료가 빈약해서 새로운 내용을 작성하려면 고생을 했지만 요즘 EPC 회사들은 경험도 많고 축적된 자료가 많아서 기존 경험한 자료가 충분히 있다고 생각해. 그렇지만 어려운 프로젝트들은 아직도 새로운 자료를 만들려면 힘들고 심지어는 Technical Bid에서 탈락하는 경우도 종종 발생하곤 해. Major Oil Project Company의 입찰은 아직도 넘기 힘든 벽이야. 지난번 프로젝트 입찰 때는 입찰 때 IT Requirement를 보고 깜짝 놀랐어. 대부분의 자재 관리를 RFID[79]를 이용하고 모두 무선으로 시스템을 구축하는 것을 보고 선진국 프로젝트는 쉽지 않다는 것을 확실히 느낀 적도 있지. 물론 수행을 잘해서 성공한 경험도 있기는 하지. 지난번 조과장이 작성했다는 내용이 있다고 했는데 Technical Index 만들어 놓은 것 프린트해서 보는 것이 어때?

조과장 네, 제가 프린트해 오겠습니다.

최부장 우리 프로젝트 입찰안내서 구성을 잠시 보자면, Technical Part / Commercial Part / 플랜트 입찰 도면 등으로 구성이 되어 있고 전체를 출력하면 대략 A4 박스로 다섯 박스는 넘을 거야. 우리 프로젝트는 Technical Bid와 Commercial Bid 등을 동시에 제출하므로 입찰이 편한 점이 있어, 그러나 짧은 시간에 모든 내

---

[78] **조직도**(Organization Diagram): 입찰 할 때 새롭게 만들어 지는 조직.
[79] **RFID**(Radio Frequency Identification): RFID 태그는 전원공급의 유무에 따라 전원을 필요로 하는 능동형(Active형)과 내부나 외부로부터 직접적인 전원의 공급 없이 리더기의 전자기장에 의해 작동되는 수동형(Passive형)으로 나눌 수 있다. 플랜트 현장은 RFID를 활용해서 장비 인원 자재관리를 적절히 이용함.

용을 정리하는 것은 쉬운 일은 아닐 거야. 먼저 Technical Part의 Index를 만들어 보자고. Commercial Part는 금액을 산출하는 데 시간이 걸리기는 하지만 PM 쪽에서 시간을 많이 할애하지는 않아도 작성은 가능해. 물론 정확한 금액 산출을 위해서 확인할 사항은 많겠지만 사실 PMP를 열심히 공부한 사람은 입찰서가 PMP 내용과 여러모로 유사한 내용이 많다는 것을 알 거야. 조과장, 그렇지 않나?

조과장 네, 부장님. 맞는 말씀입니다. 그래서 저도 PMP를 따고 이런 일을 할 때마다 자부심을 느낍니다.

최부장 조과장이 잘 알고 있겠지만 제목만 봐도 우리가 받은 입찰안내서의 순서와 PMP 순서와 나름 비슷한 점이 많다는 것을 금방 발견하지. 발주처가 입찰안내서를 작성할 때 PMP 내용의 순서를 고려해서 만든 것처럼 보이기도 해. 앞으로 우리가 작성하는 많은 내용이 PMP를 이해하면 훨씬 작성하기 쉬운 문서들이 많이 있을 거야. 그렇다고 PMP가 모든 내용을 세부적으로 알려주지는 못해. 기본적인 가이드는 많은 도움이 되지만 실질적인 내용은 발주처가 제공한 문서를 충분히 이해를 해서 문서를 작성을 하는 것이 좋을 거야. 그리고 발주처에서 제공하지 않은 내용의 문서들은 우리 회사의 표준 양식을 잘 활용해서 작성하는 것 또한 무척 중요한 일이지. 조과장이 이러한 내용을 잘 알고 있는 듯하니 김대리와 허사원에게도 잘 알려 주게.

조과장 네, 알겠습니다.

최부장 지난번 김대리와 입찰 프로젝트 조직을 구성했는데 PMP에 맞추어 잘 구성했는지는 모르겠네. 혹시 조과장이 우리 프로젝트 조직이 PMP에서 언급한 조직으로 한마디 하면 어떤 조직에 속하는지 아나?

조과장 완전한 프로젝트 조직도 아니고 혼합 조직 정도로 보면 되겠네요. 프로젝타이즈 조직이 되려면 모든 부서원이 Task force팀에 속해서 일을 해야 하는데 저희 조직의 일부는 각 부서 부서장님들 조직 아래 포함되어 있고 부서장님들의 지시를 받는 형태가 되는 거죠. 인원들은 최대한 활용할 수는 있지만 프로젝트 차원에서 가끔은 어려움이 있겠지요.

최부장 조과장이 PMP 강의를 해도 되겠구먼. 맞는 말이야.

김대리 부장님, 갑자기 생각이 나서 그런데요, 혹시 이런 입찰을 하면 비용이 얼마나 들어가는지 알 수 있나요?

최부장 당연히 입찰 비용이 많이 들어가지. 비용의 대부분은 입찰 조직을 운영하는 비용이 40%, 외주비 40%, 기타 경비 20% 정도 되지 않을까 생각돼. 그래서 입찰 비용 아끼려고 너무 적은 인원으로 입찰을 하다 보니 입찰하는 사람들은 매일 야근에 시달리지. 어떤 경우는 외주비가 저렴하다고 모든 비용을 외주 처리하려고 하다 보면 또한 품질 문제를 해결하기 힘들지. 보통 해외 대형 건설 입찰 예가를 보면 5억 불에서 많게는 50억 불까지 다양하지만 입찰 기간은 4개월에서 6개월 사이가 대부분이지. 뭐 입찰 기간 안에 어려운 경우는 발주처에 연장을 요청하고 승인되면 상황에 따라서는 연장이 되기도 하지.

조과장 늘 그렇지만 입찰은 시간에 쫓기었던 기억이 많이 남기는 해요. 사실 시험 시간을 기다리며 안절부절못하는 그런 느낌도 들었고요. 부장님께서는 어떠셨나요?

최부장 나도 처음에는 내용을 모르는 것들이 많고 엄청난 양의 기술(Technical) 자료를 만들고 금액(Commercial) 자료를 정리하려니 시간 안에 맞추는 것이 무척 힘들었지. 심지어는 비행기 놓칠 뻔하기도 하고 미비한 자료는 현지에서 날 새우며 정리해서 제출한 경우도 있고, 그렇지만 아무리 힘든 일도 익숙해지다 보니까 요령이 생기더라고, 반대로 아무리 쉬운 일도 처음 하는 사람이라면 쉽지는 않을 거야. 갑자기 김대리 물음을 답하려다 보니 시간이 많이 지났는데 오늘은 이만하고 내일은 조과장이 프린트한 내용을 기준으로 입찰 목록을 완료하는 것으로 하지.

PM팀 네, 알겠습니다.

김대리 입찰 순서[80]를 한 번에 이해할 만한 자료는 없나요?

최부장 전통적으로 오랜 기간 입찰을 한 경우 영업팀이나 PM팀은 입찰 자료를 엑셀을 이용해서 막대그래프나 표 형식으로 만들어서 관리하는 경우가 많지. 뭐든지 자세하게 잘 만들면 좋지. 하지만 입찰 부서가 항구적으로 있는 것도 아니고 입찰하던 사람이 입찰팀을 전담하는 경우도 많지 않고 해서 이런 중요한 자료들을 체계적으로 관리하지는 못하더라고. 하여튼 잘 찾아보면 그런 자료를 가지고 있는 사람들이 있어. 그래서 Know Whom란 말이 입찰서 작성할 때 중요한 요소지. 자료를 가지고 있는 사람들을 잘 알고 있는 것도 입찰을 잘할 수 있는 척도이지. 하여튼 관련 자료는 내가 보내줄 테니 참고하라고.

김대리 감사합니다.

---

[80] 입찰 순서: [첨부 A] 참조.

최부장 조과장이 준비한 입찰 인덱스를 확인하자고. 금일 마무리하고 관련 내용을 EDMS로 모두 확인 후 내일 미팅에 부서와 협의하는 것으로 하지. 그리고 발주처 입찰 목록에 없는 내용이 하나 있는데 우리의 입찰 용어 및 조건[81]을 입찰서 마지막이나 처음에 적절히 추가하는 것이 좋겠어.

조과장 입찰안내서에 없는 내용을 추가하는 것도 가능하나요?

최부장 사실 발주처에서 요구한 내용에 따라서 입찰을 하다 보면 우리가 너무 리스크가 많거나 발주처의 입찰안내서 문서에 오류가 많은 경우도 있기 때문에 우리가 필요한 부분에 대해서는 조건을 달고 들어가야 하는 것들이 있어. 없는 것보다는 나을 거야. 참고를 해서 부서에 확인하고 수정해서 추가하라고.

조과장 네, 알겠습니다.

최부장 이번 입찰서에 들어가는 내용을 보면 과거에 우리가 만들지 않은 내용들이 많이 보이는데 조과장은 내용이 타 입찰 자료에 비해서 어떻다고 생각 하나?

조과장 저도 인도네시아 입찰은 해 본 것은 아니지만 입찰 목록을 보니까 쉽지는 않아 보입니다.

허사원 저는 경험이 없어서 인지 입찰 목록에 언급한 내용 전체가 이해가 안 가는데 이런 어려운 내용을 입찰 기간 안에 공부하면서 만들어 낼 수 있을까요? 가령 계약서 검토를 시작으로 범위 관리, 스케줄 관리, 원가 관리, 품질 관리, 조달 관리, 리스크 관리 등의 중요한 입찰서의 Technical 내용이 필수적으로 들어가고 이러한 자료를

---

[81] **용어 및 조건**(Term and Condition): 입찰에 중요한 조건. 입찰안내서 도입 부분에 용어의 정의가 대부분 포함된다.

토대로 다시 Commercial 자료를 만든다는 것이 상상이 안 가네요.

최부장 만드는 것이 쉬우면 월급도 적을 거야. 어렵다는 말은 곧 허사원 급여와 관련이 있지 않을까? 너무 주눅 들지 말고 자신을 믿어. 절차에 따라서 준비를 하다 보면 끝이 보일 거야. 사실 영어로 된 바인더 약 10권을 만든다는 것이 그리 쉬운 일은 아닐 거야 내용도 모두 전문 분야로 꽉 채워지니 더욱 어렵지. 그래도 우리 선배들도 그러했듯이 어렵다고 포기한 적도 없고 어렵다고 입찰서를 제출하지 못한 경우는 없어. 내용이 빈약해서 입찰 도중에 떨어진 경우가 종종 생기기는 하지만 이것도 다 경험이 되는 거지.

자, 힘내고! 우리 파이팅 하고 떨어지면 회사의 손실이 될 수 있으니 열심히 하자고. 나도 오래전 허사원 시절이 생각이 나네. 입사하자마자 화학공장 건설 현장에 발령이 났는데 정말 막막하더구먼. 일단 자전거로 30분 정도는 돌아야 현장 처음부터 끝까지 볼 수가 있지. 그리고 시간이 지나니까 그 넓은 땅에 기계가 서고 파이프가 연결되더니 정말 거대한 공장이 돌아가기 시작한 것을 보고 사실 정말 놀랐어. 장관이라 해야 할까? 정말 잊기 힘든 감동이 있었던 거 같아. 허사원도 이러한 입찰이 내가 현장에서 느꼈던 그런 느낌일지 모르지. 그러나 걱정할 것은 없어. 이미 이러한 일들을 성공적으로 수행한 여러 선배들에게 잘 배우면 머지않아 허사원도 오늘의 나처럼 후배들에게 많은 말을 할 수 있을 것이야.

허사원 부장님, 혹시 쉽거나 어려운 입찰을 구분할 수 있나요?

최부장 굳이 분류하자면 선진국 입찰이 사실 어렵지. 선진국은 어려운 기술을 요구하거나 뭘 하나 해도 까다롭게 요구하는 반면 후진국 입찰은 그들이 잘 모르니까 입찰자에게 모든 것을 의지하는 경우가 많아서 입찰은 쉽지만 입찰 경쟁은 좀 더 치열하겠지. 사실 요즘 입찰서 내용은 선진국이 대부분 입찰서를 만들어서 관리를 하다 보니까 내용을 보면 선진국 입찰이나 후진국 입찰이나 크게 차이가 나지는 않을 정도로 후진국 입찰서 내용도 쉽지는 않을 거야.

김대리 입찰을 잘할 수 있는 자격증이나 관련 전공이 있나요?

최부장 입찰을 잘하려면 입찰에 포함되는 내용을 잘 이해할 수 있는 내용과 관련된 자격증이 있으면 좋겠지만, 비록 입찰 전문 자격증은 없지만 PMI가 인정하는 자격인 PMP를 이해하면 입찰하는 데 도움이 많이 될 거야. 나의 경우는 실무를 익히고 관련 자격증을 취득한 후 나름 프라이드도 생기고 약간의 자격 수당도 받고 도움이 되는 자격증임에는 틀림없어.

김대리 아! 저도 최근에 공부한 적은 있지만 PMP가 입찰에 도움이 되는 것은 부장님께 처음 듣네요. 다시 도전을 해야겠네요.

최부장 그건 그렇고, 오늘 검토하기로 한 입찰 목록 검토는 저녁에 야근하면서 검토를 끝내는 것이 좋을 것 같은데 다들 시간 돼?

PM팀 네, 가능합니다.

야근하면서 최부장을 포함한 모든 PM팀은 입찰 목록을 정확히 만들기 위해 입찰 안내서의 목록과 조과장이 작성한 내용을 비교하면서 Action 항목에 해당되는 부서를 모두 기입하는 작업을 하고 내용 중 PM팀이 해야 하는 업무는 별도로 조과장, 김대리, 허사원에게 각각 업무를 할당하고 내용을 부서로 보내는 것까지 완료 후 모두 퇴근을 한다.

최부장 오늘 미팅은 지난주 현지 조사 관련 PT 및 어제저녁에 보낸 입찰 목록 관련하여 미팅을 진행할 거야.

최부장은 정리한 사진을 순서대로 슬라이드 형식으로 하나씩 보여 주면서 설명을 했으며, 갔다 온 분들과 가지 못한 분들과 상호 토론을 하면서 기본적인 프로젝트 이해를 공유한다. 슬라이드가 끝이 나고 최부장은 다시 어제저녁에 보낸 입찰 목록 관련해서 가능하면 빨리 끝을 내 줄 것을 부탁하면서 미팅을 마친다.

Quick Tips!

입찰 자료 관리 중요성

입찰 자료는 정말 중요한 자료 중의 하나이다. 하나의 입찰을 시작해서 끝내기까지 너무나도 많은 돈과 인력이 투입된다. 회사들마다 입찰의 중요성을 알기 때문에 입찰팀을 잘 만들어 운영하려는 노력을 많이 하지만 건설 입찰은 단지 입찰팀만의 힘으로 완료하기는 너무 어렵다. 그리고 입찰팀만의 힘으로 하려다 보면 너무 많은 사람이 입찰팀에 소속이 되게 되고 결국 더 큰 입찰 비용이 발생한다. 회사는 그나마 영업팀이 있기 때문에 영업팀에서 입찰 PM 역할을 수행하기도 하고 사업 관리팀에서 입찰을 하기도 하고 심지어는 특정 부서 부서장들이 입찰을 하나씩 하는 경우도 있다. 물론 어떠한 형태로 입찰을 하든 틀린 것은 없을 것이다. 입찰이 늘 동일한 조건으로 입찰서가 나오는 것도 아니고 입찰팀이 기술적인 분야를 모두 Cover 할 수는 없는 한계가 있기 때문에 경우에 따라서는 기술 부서가 입찰을 할 때도 있다. 그러나 여기서 중요한 것이 하나 있다. 입찰이 끝이 나면 입찰팀은 해체되고 입찰을 통해서 낙찰을 받으면 입찰팀이 다시 수행팀으로 전환되는 경우가 많이 있다. 이런 과정 중에 중요한 입찰의 자료가 소실된다는 데 가장 큰 문제가 있다. 회사는 이런 자료를 어떻게 미래에 자산으로 잘 만들 수 있는지를 고려하지 않으면 늘 입찰에 어려움을 겪게 될 것이고 설령 입찰을 통해서 낙찰을 받는다고 할지라도 최종 수행 이후에 성공이나 실패의 결과에 대한 명확한 해석을 할 수 없게 된다. 가령 입찰에서 큰 마진을 보장한 공사를 수주했는지 입찰에서 마진이 없거나 심지어 입찰 과정에서 실수한 부분이 수행에 큰 영향을 미쳐 공사의 적자를 보았는지 등등 명확한 이유를 찾지 못하는 경우가 발생하는 것이다. 그러므로 필자가 말하고자 하는 것은 반드시 입찰이 완료된 자료는 관리가 되어야 하고 설령 입찰에서 실패한 내용이라 할지라도 관리가 되어야 한다.

Chapter 1

계약자 일반 정보

5th week

Chapter 1 〈계약자 일반 정보〉 요약

입찰 목록

- ❶ 회사 소개서 Company Introduction
- ❷ 회사 재무제표 Company Financial Report
- ❸ 모회사 보증 Parent Company Guarantee
- ❹ 은행 개런티 Bank Guarantee
- ❺ 위임권한 POA(Power of Attorney)
- ❻ ISO International Standard Organization 및 관련 Certification 제출
- ❼ 핵심인원 Key Personnel
- ❽ 입찰안내서 배서 Invitation To Bid Endorsement

요구 사항

- 회사 소개서 안에 과거 프로젝트 운영 인원 3년 업무 로드 그래프 제출
- 회사 소개서 안에 인도네시아 프로젝트 인원이 반영된 누계 그래프 제출
- 취소 불능 은행 개런티
- ISO 제출 시 최근 감사 리포트 추가 제출
- Key Personnel 관련 Alternative 인원 이력서 제출
- 입찰 관련 모든 자료는 PM Signature 후 발주처 제출

최부장 우리가 입찰비 10억을 받아서 공식 팀이 된 지 오늘부터 따져 보면 30일 지났네. 앞으로 늦어도 60일 안에 기본적인 Technical Bid 문서를 1차 완료하는 것을 목표로 열심히 하자고. 나도 아직은 입찰서를 받아놓고 세부적인 내용 파악은 부족하니 내일은 입찰 목록 관련해서 하나하나 요구 사항을 확인하면서 정리하자고.

PM팀 네.

최부장 내가 입찰안내서에서 요청한 내용에 따라서 Chapter 1을 먼저 정리할 테니 각자 아는 만큼 정리하고 내일 서로 이야기를 해 보자고.

최부장이 아침부터 PM팀 모두를 원형 탁자 앞으로 불러 드린다.

최부장 김대리, Chapter 1 확인해 보았어? 특별히 모르는 내용은 없었나?

김대리 내용은 읽어보았습니다. 기본적인 회사에 관련된 소개서 및 재무 등을 제출하라는 식의 내용이 기술되어 있었습니다.

최부장 대부분 입찰서 제출할 때 첫 번째 Chapter는 주로 입찰자의 일반 정보를 제출하는 것들이 많지.

김대리 네.

최부장 Chapter 1은 허사원이 할 수 있는 내용이라고 생각하는데 허사원 내용을 읽어 봤나?

허사원 네, 부장님. 내용은 대부분 이해를 했습니다. 그런데 이러한 자료들을 우리가 하나하나 만들어야 하나요?

최부장 물론 필요하면 우리가 만들기도 하지만 Chapter 1은 주로 우리가 보유하고 있는 자료들로 구성이 되어 있어서 특별히 만드는 데는 어려움이 없을 거야. 그래도 7번 항목을 보면 Key Personnel 의 모든 이력서를 입찰안내서에서 요구한 경력에 정확히 맞추어서 제출한다는 것은 쉬운 일이 아닐 거야. 우스갯소리 하자면 Key Personnel의 경력을 조작해서 제출했다가 Technical에서 떨어지는 경우도 종종 발생할 수 있어. 발주처가 요청한 경력이 분야마다 무척 까다로울 거야. 부서가 제출할 때 입찰안내서에서 요구한 내용을 한 번씩 확인하는 것이 무척 중요해.

허사원 네, 알겠습니다.

최부장 더 이상 물어볼 것은 없나?

허사원 사실 입찰안내서 내용 확인은 했지만 어디서 이러한 문서를 얻을 수 있는지는 조과장님이나 다른 선배님들께 물어보면서 하려고 합니다.

최부장 그래, 일하는 데 특별히 어려운 점은 없을 거야. 잘해 보라고. 아차 POA[82] 관련해서 대사관 인증을 받는 부분이 있던데 혹시 허사원 확인했어?

허사원 아니요. 사실 POA가 뭔지도 모르겠네요.

최부장 조과장, 혹시 POA 요구 사항 읽어 봤나?

조과장 네, 읽어 봤습니다. 제가 중동 프로젝트 관련해서 POA를 작성한 적이 있었습니다. 그때는 중동 대사관에 낙인을 받아오라고 해서 아마 현금 100만 원 이상을 주고 POA를 작성한 경험이 있습니다. 그럼 조과장이 허사원 POA 작성하는 방법을 잘 가르쳐주면 되

---

[82] **POA**(Power of Attorney): 위임장(POA)은 사적인 문제, 사업 또는 기타 법률 문제에 있어서 다른 사람을 대표하거나 대리하는 서면 승인서이다. 다른 사람에게 행동할 권한을 부여하는 허가 증명서임.

겠네.

최부장 사실 내가 Chapter 1 관련해서 입찰안내서 파악한 결과를 조금 알려 줄 테니 혹시 모르는 부분이 있으면 참고를 하라고. 회사 소개서 내용 중에 회사 프로젝트를 기록하고 회사의 업무 Load를 제출하는 부분은 영업부로부터 최신 파일을 받아서 업데이트하면 될 거야. 그리고 소개서 안에 Project Experience를 맞추어 넣는 부분이 있는데 쉽지 않아 보여. 사실 우리 회사가 이와 동일한 플랜트를 독자적으로 수행한 경험이 한 번 정도이고 유사한 것들은 여러 번 한 적이 있지. 허사원이 영업부에 부탁을 할 때 우리 입찰서 Form에 맞추어 유사한 플랜트[83]를 여러 개 선별해서 채워 달라고 해. 이 부분은 입찰 평가에 반영되는 부분이기 때문에 무척 신경을 썼으면 좋겠어.

허사원 네, 부장님.

최부장 회계팀에 이메일을 써서 재무제표는 최근 3개년 것을 달라고 하면 줄 거야. 그리고 올해 것이 아직 없으면 작년 것으로 대체하되 그러한 회계연도 관련 이유를 간단히 적어 넣으면 되고 사실 우리 회사는 Parent 개런티(모회사 보증)를 받으면 좋지만 이러한 부분은 가능하면 서로 개런티를 안 하는 조건으로 만들어진 문서를 영업부에서 얻어다가 제출을 하는 것이 좋을 거야.

모회사로부터 개런티를 받으려면 경영진 결재를 받아야 하므로 쉬운 일은 아닐 거야. 우선은 우리 회사를 부각시켜서 특별히 문제없다는 식으로 작성된 문서를 잘 만들어 넣으면 대부분 특별히 별도

5th week

---

[83] **플랜트**(Plant): 공장, 일반적으로 제품을 제조하는 목적으로 설치되는 장치, 설비 및 기계의 집합체를 말함.

요구를 하지 않을 거야.

허사원 이런 내용은 모두 영업부 도움을 받으면 되나요?

최부장 아마도 영업팀에서 회사 소개서 자료는 관리하니까 영업에서 달라고 하면 대부분 있을 거야. 재무제표는 회계팀이고.

허사원 아차 회계팀도 있었네요. 기록을 해야겠네요.

최부장 은행 개런티 관련해서도 절차를 잘 따져서 우리 회사 주거래 은행에 부탁을 하면 될 테고 ISO 관련해서 Audit(회계감사) 관련 내용도 함께 제출하라고 되어 있으니 품질팀에게 우리가 최근에 받은 Audit 내용을 확인해서 첨부하면 될 거야. 마지막 문서 입찰안내서 확인(Endorsement) 관련해서는 최종적으로 가능 여부를 타진하고 문서를 작성하는 것으로 하자고. 그리고 혹시나 해서 내가 이력서 관련해서 약간 첨언을 하자면 key Personnel 이력서 정리만 하려고 해도 2주일 이상 잡아야 할 거야. 스케줄도 확인하고 미리 프로젝트 관련된 담당자의 이력서를 받아서 정리하게.

허사원 이력서는 정말 쉽게 해결할 수 있는 거 아닌가요?

최부장 발주처 양식에 맞추어 발주처가 요구한 이력에 맞는 사람을 적절히 찾는다는 것이 쉬운 일은 아니야. 일단 각 부서에 요건에 맞는 엔지니어를 추천받고 이력서도 발주처 폼에 따라 제출하라고 이메일을 보내줘. 아마 각양 각색으로 만들어 오면 수정할 내용이 많아. 그리고 대체 인원(Alternative personnel)도 제출을 해야 하니까 50명의 이력서를 검토하고 수정하려면 2주일 이상 걸릴 거야. 참고로 이력서 통과가 안 된 LE는 프로젝트에 참가를 할 수 없는 것은 당연한 것이고!

허사원 지난번에 말씀을 해 주시기는 했지만 이력서로 인해서 정말 문제가 되는 경우가 많이 있었나요?

최부장 당연하지. 해외 입찰을 한국 업체가 자주 하다 보니까 이력서를 동일한 사람이 조금씩 바꾸어 제출하는 경우가 있어. 공무부장 역할을 공사 부장이 한다던가 사실 한국에서는 이력서보다는 회사에서 추천한 사람이 중요하거나 발주처에서 지명한 사람이 중요한 경우가 많지만 해외 현장에서는 철저하게 관련 업무를 수행한 경력을 기준으로 Key Personnel이 평가되다 보니 쉽게 발주처가 요구한 경력을 맞추기 어려운 경우가 많아 심지어 PM도 해외 공사에 이력서가 통과되지 못해서 변경하는 경우도 있고 생각보다 신경 쓸 부분이 많을 거야.

허사원 그렇군요. 쉬운 일이 없네요.

최부장 마지막으로 요약을 하자면 Chapter 1의 내용은 주로 기업이 얼마나 많은 경험을 가지고 있는지, 재무가 얼마나 튼튼한지, 프로젝트를 수행할 인원은 적절한지, 수행한 경험은 있는지, 프로젝트를 수행할 절차나 장비가 있는지를 확인하려는 의도로 발주처가 요구하는 문서들이야. 회사가 관련 프로젝트 경험이 많고 재무적으로 튼튼하면 당연히 가점이 높겠지. 물론 포장을 어떻게 하느냐가 중요하기도 하고, 기본을 갖춘 회사이기 때문에 발주처가 입찰자로 선정을 한 경우이므로 일단 PQ에 통과가 된 업체라면 특별히 있는 자료만 적절히 가감해서 제출하면 문제는 없을 거야.

허사원 네, 부장님. Chapter 1의 내용은 언제까지 완료해야 하나요?

최부장 전체적으로는 3주 안에 끝을 내고 그래도 모든 문서들이 한 번에 쉽게 할 수 있는 것은 아니야. 은행 개런티 문서 및 Parent 개런티 POA 문서를 완료하기 위해 절차를 빨리 따른다 하더라도 일주일 정도는 걸리지 않을까 생각이 돼. 외부에 가서 인증서도 받아야 하고 말이야. 필요에 따라서는 미리미리 관련 부서에 협조를 구해서 도움을 받게.

허사원 네, 알겠습니다.

김대리 부장님 질문이 있는데요. 지난번에 저는 Parent 개런티를 받아서 제출을 한 적이 있는데 저희도 받아서 제출하는 것이 좋지 않나요?

최부장 김대리가 말하는 프로젝트는 어떤 거였지.

김대리 쿠웨이트 프로젝트인데요.

최부장 아, 나도 아는 프로젝트네. 사실 그 프로젝트는 특이한 프로젝트야. 우리가 입찰을 통과해서 받은 것은 아니고 발주처가 모회사에 입찰을 요청했지만 모회사가 규모가 너무 작아서 특별히 우리에게 입찰을 요청한 것이다 보니 쉽게 개런티를 받을 수 있었던 거지. 물론 Parent 개런티는 사실 모회사에서 해 주면 좋지만 우리가 하는 일이 다소 리스크가 발생하는 일이다 보니 잘해 주지는 않을 거야. 뭐 해주면 좋고 설정해주지 않더라도 이런 일들을 잘할 수 있도록 만드는 것이 PM팀의 역할이기도 하지. 만약 입찰서를 평가할 때 문제가 되면 발주처가 다시 제출하라고 할 테니 모회사 개런티는 그냥 없는 것으로 진행하면 좋겠어.

허사원/김대리 네, 알겠습니다.

최부장 2주 후에는 진행 사항을 PT 자료로 만들어서 발표하고 완료된 문서는 웹 디스크에 올리도록 하자고. 그리고 최종 완료 시점은 3주 안에 가능하면 완료하는 것으로 하고.

허사원 네, 최선을 다하겠습니다.

최부장 그래, 열심히 해 보라고. 드디어 허사원도 학교에서 배운 내용과 실무가 뭐가 다른지 확실히 체험하는 기회가 될 거야.

• • •

최부장 금주 화요일 미팅은 매주 목요일로 바꾸는 것이 좋을 것 같은데, 조과장 생각은 어때?

조과장 네, 저도 목요일이 좀 더 좋을 듯합니다. 사실 월요일, 화요일은 처리할 일들이 많아서 목요일이 효율적입니다.

최부장 김대리, 생각은 어때?

김대리 저도 조과장님 생각과 비슷합니다. 월요일은 바쁘게 보내고 화요일은 정규 미팅을 할 때가 많아서 왠지 부서 LE 분들도 목요일이 좀 더 편할 듯합니다.

최부장 그럼, 김대리가 앞으로 주간 미팅은 목요일로 변경되었다고 부서에 알려주고, 이번 주 미팅은 각 MR이 얼마나 진척되었는지 부서에 확인하고 김대리가 MR/TBE/CEB Status Check Form을 만들어서 부서에 보내게.

Quick Tips!

EDMS
(Electronic Document Management System)

입찰보다는 수행 시 특히 수많은 Vender, 발주처 그리고 계약자 간의 중요 도면, 수많은 Letter, Email 등의 자료를 개인 PC를 통해서 관리하는 것은 힘든 일이므로 EDMS를 이용하지 않으면 어려운 일이다. 또한 단순한 서버를 두고 자료 만을 정리하는 것도 정말 불편하고 힘든 일이다. 그래서 대규모 Plant 공사는 대부분 EDMS 사용을 발주처가 요구하며 관련 내용이 입찰의향서에 자세히 기술된 경우가 많이 있다. 그러므로 건설사가 첨단 문서관리 시스템을 직접 구축/개발하여 사용하고 있는 경우가 많다. 따라서 주요 시스템을 얼마나 잘 활용할 수 있는지를 보여주는 것이 입찰 평가에 가점으로 작용하는 경우가 많기 때문에 건설사가 문서관리 시스템을 지속적으로 고도화하는 노력은 매우 중요한 일이라고 본다.

6th week

Chapter 2
설계 절차서, 조직도 구성

6th week

Chapter 2 〈설계절차서, 조직도 구성〉 요약

입찰 목록

❶ 설계 수행 절차서 Engineering Execution Procedure

❷ 조직 계획 Organization Plan

❸ 인터페이스 관리 절차서 Interface Management Procedure

❹ 리스크 관리 절차서 Risk Management Procedure

❺ 교훈 Lessons Learned

요구 사항

- 설계 수행 절차서를 발주처가 세부적으로 제공함
- PQ Pre-qualification 조직을 반영해야 함
- 기존 공장 인터페이스가 까다로움
- 발주처의 리스크 절차서를 따라 정보를 입력하기 어려움
- 수행 관련된 많은 교훈 자료를 반영 요구하고 있음

최부장 조과장, 김대리, 금주는 Chapter 2 목록을 처리하려고 하는데 내용은 알고 있나?

조과장 Chapter 2는 상당히 중요한 내용이 포함이 되어 있네요.

최부장 조과장이 Chapter 2에 포함된 4개 프로시져, 플랜, 교훈에 대해서 이야기해 볼 수 있나?

조과장 제가 지난번 입찰에 교훈(Lessons Leaned)를 제외하고는 대부분 알고 있는 내용입니다. 그런데 이번에 포함된 도면과 워드 파일이 모두 PDF로 되어 있어서 편집도 어렵고 그리고 발주처에서 작성한 Engineering Execution Procedure와 저희가 기존에 작성한 자료와 차이가 많아서 어떤 내용을 기본으로 작성을 해야 할지 모르겠어요.

최부장 지난번 TQ로 제출한 내용 중에서 Engineering Execution Procedure 원본도 요청을 했었나?

조과장 네, 부장님. 아직 파일을 받지는 못했습니다.

최부장 그럼 기존에 가지고 있는 내용을 기준으로 발주처가 제공한 내용을 반영하는 식으로 작성을 하고 다른 내용도 계속 이야기해 보게.

조과장 조직에 관련해서는 지난 경우에는 PM께서 직접 작성을 했던 것 같기는 하지만 우리 조직도 기존 EPC 조직과 비슷하다면 제가 가지고 있는 회사 표준 조직도를 활용해서 작성하는 방향을 고려해 보겠습니다.

최부장 그렇게 하지.

조과장 Interface Management Procedure는 과거에 표준 절차서[84]

---

[84] **절차서**: Key Procedure List 참조 [첨부 D].

를 만들어 본 적이 있는데 정말 어렵다고 느꼈습니다. 현장 조건에 따른 업무 책임에 대해 기술하는 식의 Matrix로 표현을 했는데 실무가 없이는 도저히 작성 불가능한 업무였습니다.

최부장 조과장, 대단한데. 사실 Interface Management Procedure를 이해하고 있다는 것은 프로젝트 전반을 이해한 사람만이 작성을 할 수 있는 것이 사실이고 심지어는 발주처에서 Interface Manager를 프로젝트 수행 시 상시 조직에 넣는 경우도 있지. Interface Manger가 중간 다리 역할을 잘 해주면 업무가 한층 수월하기 때문에 우리 조직에도 필요에 따라서는 Interface Manager를 배치해야 할 거야.

조과장 초안은 가능하면 제가 가지고 있는 양식을 이용해서 작성하도록 하겠습니다.

최부장 발주처가 제공한 자료가 있을지 모르니 확인하는 것도 잊지 말고 대부분의 자료는 발주처가 제공한 자료를 기준으로 우리가 수정하는 것이 업무도 편하고 발주처 요구 사항도 잘 준수할 수 있을 거야.

조과장 Risk Management Procedure에 대해서는 제가 확인한 바로는 정말 발주처 리스크 역량이 대단해 보였습니다. 내용이 정말 세부적으로 서술되어 있어서 우리가 이러한 발주처 요구 사항을 감당할 수 있을지 모르겠네요. 그리고 특이한 점은 발주처가 Risk Manager에 대해서는 관련 자격증을 요구하고 있습니다. 사실 우리 회사가 이러한 자격을 가진 사람이 있는지도 모르겠습니다.

최부장 물론 리스크 관련 자격증이 있으면 좋겠지만 설령 없다고 해도 조과장이 PMP가 있다고 했는데 뭐가 걱정이야. 사실 엄밀히 따지면 리스크도 PMP의 한 분야라고 볼 수 있기 때문에 PMP를 가지고 있는 Risk Manager를 배치시켜도 될 듯한데.

조과장 부장님 말씀이 옳다는 생각은 들지만 그래도 프로젝트 성공을 위해서 리스크 관련 자격증을 보유한 분을 선임하면 금상첨화일 터인데요.

최부장 조과장 말이 맞는 것 같아 먼저 적당한 사람이 있는지 이력서를 받아 보자고.

조과장 그리고 Risk Management Procedure를 만들기 위해서는 프로젝트를 각 분야별로 분석한 다음에 리스크 레지스터[85]를 제출하게 되어 있습니다.

최부장 그럼 미리 EDMS를 이용해서 부서에 관련 자료를 요청하게.

조과장 네, 알겠습니다. 마지막 교훈 관련해서는 제가 특별히 작성해 본 적이 없어서 제가 어떻게 접근을 해야 할지 모르겠습니다.

최부장 보통 교훈은 Project가 끝나면 마지막에 최종 작성을 해야 프로젝트가 끝이 나는 거지. 이러한 절차는 PMP에서도 언급된 내용이고 내가 유사 프로젝트를 한 담당에게 이메일을 써서 관련 자료를 요청하면 그 자료를 기준으로 작성하면 될 듯한데, 할 수 있겠어?

조과장 언제까지 해야 하나요?

최부장 물론 빨리 해야겠지. 그런데 조과장이 매일 야근을 해도 한 달 안에 끝내기 버거울 거고 그리고 이미 맡고 있는 TQ 파악도 해야 하고 걱정이구만.

조과장 제가 경험 있으니 열심히 해 보겠습니다.

---

[85] **리스크 레지스터**(Risk Register): 리스크 아이템 관리 등록 대장.

최부장 리스크 관련해서는 혹시 이번에 리스크팀 입찰에 선임되지 않았나?

김대리 네, 지난번에 리스크팀에서 담당을 선임해 주셨습니다.

최부장 사실 리스크팀이 주로 수행에만 신경을 쓰다 보니 입찰에 참여를 하지 않는 경향이 있는데 이번 입찰은 리스크 관련 사항이 많으니 리스크팀에게도 입찰 관련 사항을 적극 도우라고 협조전을 보낼 테니, 조과장은 일단 리스크 관련 모든 내용은 리스크팀에게 맡기는 것으로 하고 나머지 것에만 신경을 써. 그리고, 업무가 늘어날 것 같아서 인원 2명을 충원할 거야. 아르바이트 한 명은 우리 프로젝트 비용으로 뽑아야 할 것 같아. 복사 및 양식 정리를 시키면 될 거야. 그리고 내가 미처 출장 중에 발생한 일이라 알리지 못했는데 신입사원이 우리 쪽으로 오늘 배치를 한다고 하니까 신입사원 오면 필요한 업무를 적절히 부여하면 될 거야.

허사원 하하, 감사합니다. 제가 막내 탈출을 빨리 했네요.

Chapter 2 회의가 완료되고 부서로 돌아가니 이미 신입사원이 대기하고 있었다.

최부장 김대리, 신입사원 자리 좀 챙겨 줘.

김대리 네, 부장님.

최부장 그리고 신입사원을 포함한 업무 범위 조정을 위해서 내일 미팅룸 예약 부탁해.

김대리 네, 알겠습니다.

최부장 다들 모였나?

김대리 허사원이 아직입니다.

최부장 허사원 오면 함께 회의 시작하지.

김대리 네.

최부장 허사원, 좀 늦었네?

허사원 죄송합니다. 제가 깜박했습니다.

최부장 자, 미팅 시작하지. 신입사원에게 간단히 우리가 하는 일들을 설명하자면 약 4개월간에 걸쳐서 입찰서 작성 및 제출과 관련된 중요한 업무를 하고 있고, 조과장이 관련 업무를 선도하고 김대리, 허사원 둘이서 열심히 돕고 있어. 처음부터 입찰팀에 배치가 되어 힘들 텐데 혹시 입찰에 대해서 들어본 적 있나?

신입사원 죄송합니다. 제가 전공은 화학을 해서인지 좀 낯설게 느껴집니다.

최부장 그러면 신입사원은 허사원을 도와서 우리 팀에서 하는 기본적인 업무 내용들을 숙지하도록 하고, 신입사원은 간단하게 소개를 부탁해.

신입사원 안녕하세요? 저는 나대한이라고 합니다. 전공은 화학이고 뭐든지 시켜만 주시면 최선을 다해서 열심히 하겠습니다.

최부장 열심히 하라는 뜻으로 박수 치고 시작할까? 조과장이 요즘 진행하고 있는 업무가 뭐지?

조과장 전 Chapter 2 및 TQ 쪽을 현재 맡고 있습니다.

최부장 김대리는 요즘 뭐 하지?

김대리 지난번에 프로젝트 코드, EDMS 시스템 오픈, 입찰 금액 및 외주 관련 일은 대부분 끝나고 요즘은 입찰안내서를 계속 스터디 중입니다.

최부장 허사원은 지난번에 chapter 1이랑 뭐 또 있나?

허사원 웹 디스크 관리 및 지난번에 조과장님이 시키신 입찰 바인더 표지 디자인과 입찰서 Word 문서 Design 등을 담당하고 있는데 대부분 업무는 완료되었습니다.

최부장 Chapter 1을 제외하고 허사원은 신입사원에게 업무를 인계하고 새로운 일을 하면 어떨까?

허사원 헉! 부장님, 무서워요.

최부장 그렇게 하는 것으로 알고 남는 시간은 당분간 조과장 TQ 업무를 도와주면서 배우면 좋겠어.

허사원 네, 부장님.

최부장 김대리는 각 부서별 성과품 관련해서 책임지고 확인을 해줘. 아마도 지금쯤이면 각 설계(Engineering) 부서는 MR 작성이 완료가 되어 관련 자료를 대부분 입찰구매팀으로 송부했을 거야. 입찰구매팀에서 접수한 MR 자료를 관련 Vender에게 가격 견적을 요청하고 있을 테지. 그리고 BOQ 관련해서 이미 외주가 모두 나갔으니까 1차 부서별 BOQ 접수 일정을 확인해서 늦어지지 않도록 하고 기타 부서별로 주고받는 Engineering Data가 상호 간에 병목 현상이 발생하지 않도록 조치를 취해 주라고. 물론 나에게도 보고도 하고.

김대리 네, 부장님.

최부장 금주 금요일은 Chapter 3 관련해서 김대리가 준비하도록 해봐. 스케줄 관련 내용인데 김대리는 현장에서 스케줄 관련 업무를 해 본 적이 있어?

김대리 제가 신입사원 때 교육 차원에서 공정관리 교육을 받아 본 적이 있습니다.

최부장 잘 됐네. 잘 읽어 보고 금주 금요일은 스케줄 관련해서 우리가 먼저 준비를 하고 다음 주 목요일 정규 미팅 때 스케줄팀 및 부서와 관련 일정을 완료하자고.

금요일이 되자마자 아침에 최부장은 별도로 김대리만 자리로 불러서 스케줄 관련 준비 상황을 물어본다. 김대리는 오후에 보고 가능하다고 말하고, Chapter 3을 가지고 미팅하기로 한다.

6th week

최부장 Chapter 3 내용을 이해하는 데는 문제가 없었나?

김대리 공정관리를 제가 직접 관리해본 적이 없어서 꽤 어려웠습니다.

최부장 내가 신입사원 때 공정관리 프로그램을 배워서 스케줄을 작성해 본 적이 있는데 김대리도 프리마베라[86] 기능이라던가 최소 공정관리 기본(Concept) 정도는 알고 있어야 공정관리 담당자와 적절한 소통이 될 거야.

김대리 네, 열심히 하겠습니다.

최부장 그래도 다행스러운 것은 공정관리팀에서 입찰 관련 업무를 대부분 협조해주기로 했어. 김대리는 PM 쪽에서 협조할 내용 위주로 업무를 수행하면 특별히 어려움은 없을 거야. 그리고 참조 문서를 알려준다면 Chapter 3 〈스케줄 관리〉를 읽고 오면 이해하는 데 도움이 많이 될 거야.

김대리 책을 읽는 것만으로 도움이 될까요?

최부장 물론 도움이 되리라 생각이 되네. 그리고 PMI에서 제공한

---

[86] **프리마베라**(Primavera): 플랜트 및 공사 스케줄(일정) 관리 도구.

WBS 코드집도 한번 보면 큰 도움이 될 거야. 공정관리의 기본은 내 생각으로는 WBS만 잘 만들어도 정말 큰 도움이 되지. 특히 프로젝트 수행 시 WBS를 잘못 만들면 험난한 프로젝트 시작이 예상되지. 사실 발주처와 소통할 수 있는 가장 좋은 문서가 WBS에 의거해서 필요한 공정 보고서(Report)를 작성하는 것인데 처음부터 발주처가 원하는 자료를 보여줄 수 없다면 발주처와 신뢰가 쌓이기 쉽지는 않을 거야.

김대리 코멘트 감사합니다.

초부장 지금까지 이해한 내용을 기준으로 다음 주부터 Chapter 3을 작성하도록 하자고.

김대리 네, 알겠습니다.

Quick Tips!

리스크를 이해하는 것은 입찰의 경쟁력이다.

요즘은 건설사의 조직도를 보면은 리스크 전담팀을 모두 갖추고 있을 정도로 리스크 역량 강화를 위해 노력하고 있다. 당연히 그에 합당한 시스템도 구축을 해가면서 회사가 돈을 투자하고 있다. 그러나 우리는 리스크의 본질을 잘 이해해야 한다. 긍정적인 측면에서 리스크도 존재한다는 것이다. 어떤 사람은 긍정적인 측면보다 부정적인 측면을 관리하는 것이 리스크에 효과적이기 때문에 부정적인 측면을 더욱 강조한다는 경우도 있다. 리스크팀이 또 다른 리스크가 되지 않기 위해서는 적절한 회사의 균형적인 리스크 업무가 필요할 것이다. 모든 분야가 그러하듯이 리스크팀도 역량을 키우기 위해서는 오랫동안 리스크 데이터를 모으고 축적하고 분석하고 이러한 내용을 기반으로 적절한 대응 계획을 세우는 일을 반복적으로 훈련한다면 반드시 긍정적인 리스크는 증가하고 부정적인 리스크는 줄어들 것이다.

7th week

Chapter 3

스케줄 관리

7th week

Chapter 3 〈스케줄 관리〉 요약

입찰 목록

1. 프로젝트 통제 관리 절차서 Project Control Management Procedure
2. 마스터 스케줄 Master Schedule
3. 레벨 4 세부 스케줄 Level IV Detailed Schedule
4. 히스토그램 및 진행 S 커브 Monthly Histograms and Progress "S" Curves
5. 진행 기성 스케줄 Progress Payment Schedule
6. 캐시 플로 Cash Flow
7. 장비 동원 계획 Equipment Mobilization Plan

요구 사항

- 입찰 스케줄을 실행에 유사한 세부 스케줄로 요청
- 스케줄에 Resource를 반영한 스케줄 제출
- 입찰 시 Cash Flow 요청
- 스케줄 툴을 활용한 장비 동원 계획
- 전기/계장 Cable을 공통이 아닌 Area base WBS 작성

최부장 지난주 스케줄 관련해서 이야기를 하다 말았던 기억이 나는데 다들 PMP 관련 자료들은 보고 왔어?

김대리 공정 관리에 도움이 된다고 하셔서 제가 열심히 읽어 봤는데 좋은 내용이 많았던 거 같습니다. 그리고 Project Control Management Procedure 회사 표준 절차서가 있어서 확인했더니 발주처에서 요구하는 내용과 큰 차이는 없어 보였습니다.

최부장 그리고 나의 생각을 말하자면 Project Control Management를 이해하는 것은 쉬운 일은 아닌 듯해. 스케줄 작성 가이드와 운영 가이드를 이해한다는 것은 실질적인 프로젝트를 많이 수행한 사람들이 잘 아는 분야일 거야. 물론 김대리도 현장 경험이 있어서 현장 돌아가는 상황을 이해했을 것으로 믿어. 그럼 입찰안내서에서 제출을 요구한 내용을 하나씩 보자고.

김대리 이런 내용을 작성한 적이 없어서 부담스럽네요.

최부장 오늘 확인한 내용을 토대로 공정 담당자와 미팅을 하려면 필요한 사항을 잘 정리하도록 해야 할 거야.

김대리 네, 잘 알겠습니다. 요즘 공정관리가 이렇게 입찰 단계에서부터 세부적으로 수행하는 특별한 이유라도 있나요?

최부장 물론이지. 점점 규모가 큰 프로젝트를 발주하려다 보니 좀 더 세부적인 관리를 하지 않으면 스케줄 지연이나 금액을 초과하는 경우의 프로젝트가 늘어나고 있어서 아마 발주처도 이러한 문제를 해결하기 위해서 점점 스케줄을 입찰 단계에서부터 수행 수준으로 검토하는 것 같아. 그건 그렇고 다음 프로젝트 마스터 스케줄로 넘어가지.

김대리 네, 프로젝트 마스터 스케줄은 자료를 보니까 Milestone 스케줄이라고도 하고 Level 1 스케줄이라고 해서 간단하게 스케줄을 요약한 내용이던데 맞나요?

최부장 대충 그런 셈이지. 김대리가 공부는 하기는 했는데 아직 부족한 부분이 많아 보여, 내가 지금부터 전반적인 스케줄을 이야기해 줄 테니 잘 들었다가 나중에 공정 부서와 미팅 시 잘 반영을 하라고.

김대리 네, 부장님.

최부장 먼저 Project Control Management Procedure에 대해서 이야기해 줄게.

프로젝트 Schedule Management Procedure라고 하기도 하고 Control Management Procedure라고 말하는데 입찰안내서에는 Control Management Procedure로 많이 쓰지.

입찰안내서 안에 요즘은 발주처 가이드 및 절차서를 직접 만들어 배포하는 경우가 많이 있기 때문에 관련 문서가 있는지 없는지 먼저 검색을 해 보는 것이 좋아. 이번 프로젝트는 나름 자료가 발주처에서 세심하게 만들어서 입찰안내서에 제공한 것으로 알고 있지. 공정관리 절차를 잘 만든다는 것은 그 분야를 능통해야 할 수 있는 일이기도 하지. 미리 WBS에 대해서 조금 이야기도 했지만 PM팀과 협의를 해서 WBS 분석이 끝이 났다는 것을 발주처와 협의한 범위, 계약 등의 업무 파악이 끝이 났다는 의미이기도 해. WBS는 스케줄의 기본이 되기 때문에 철저한 이해를 기반으로 발주처가 요청한 사항을 잘 반영해서 스트럭처를 구성해야 하고, 한번 완료된 WBS를 자꾸 변경을 하거나 변경을 해야 하는 경우가 생기면 프로젝트를 잘 파악하고 있지 못하고 있다고 해도 과언은 아닐 거야. 그러므로 초기에 Project Manager와 Schedule Manager의 협의하에 WBS를 잘 작성하는 것이 무척 중요한 일이지.

김대리 WBS 파악이 완료되면 뭘 하나요?

최부장 〈PMBOK® Guide – Sixth Edition〉 내용을 읽었다면 나름 순서를 알 텐데 혹 기억나는 것이 있어?

김대리 PM팀에서 Create WBS가 완료되면 스케줄에서 WBS를 기반으로 스케줄팀에서 스케줄 작성에 돌입해야 하는 것 아닌가요?

최부장 맞아. WBS가 완료되었다는 것은 Schedule Program을 통해서 관련 스케줄을 작성할 수 있는 기본적인 환경은 만들어진 것이라 해도 될 듯하네. 물론 스케줄을 작성하기 위해서는 좀 더 많은 자료가 필요할 거야. 위에서 말했지만 설계에 필요한 도서 리스트, 구매에 필요한 리스트, 시공에 필요한 Activity, 국가 환경, 통관 정보 등등 많은 정보가 필요하지.

김대리 헉! 스케줄 작성에 이렇게 많은 정보가 필요한지는 몰랐네요.

최부장 스케줄을 완료했다는 것은 프로젝트의 분석이 대부분 완료됐다는 말이기도 하지. 그러나 현실은 스케줄을 그렇게 잘 짜지는 못하는 것 같아. 입찰 동안에는 시간도 짧고 정보도 한정적이어서 스케줄을 작성할 때 많은 어려움이 있기는 해. 그래서 〈PMBOK® Guide – Sixth Edition〉을 보면 교훈 관련 내용이 정말 많이 나와. 과거 경험 자료를 잘 조사해서 스케줄에 반영하는 것이 중요한 것이지.

김대리 우리도 과거 경험자료를 확인해야 할 필요가 있겠군요. 저도 유사 프로젝트를 찾아서 공부를 해야겠네요.

최부장 좋은 생각이야. 스케줄에 대해서 좀 더 이야기하자면 스케줄이 완성되면 관련 Resource(인원, 장비, 자재)를 토대로 WV(Weight

Value)를 작성해서 Schedule Tool에서 'S' Curve 등 기타 필요한 자료를 출력할 수 있다는 것 알고 있나?

김대리 Schedule Tool이 그런 기능을 가지고 있다는 것은 모르겠습니다. 단지 Bar Chart 정도 출력하고 대부분은 Excel을 사용해서 'S' Curve를 이용해서 만든다고 이해를 하고 있습니다.

최부장 맞아. Excel을 사용해서 만들기도 했지. 그러나 수정될 때마다 엑셀은 수정된 내용을 반영해서 'S' Curve를 적용하기는 쉬운 일이 아닐 거야. 사실 Schedule Tool을 잘 이해하고 사용하면 좀 더 체계적으로 'S' Curve 및 Cash Flow를 구현할 수 있는데 스케줄팀에서 이러한 내용을 잘 해주는 경우가 드물지. 어쨌든 스케줄팀과 필요한 자료를 잘 협의해서 이번 프로젝트는 Excel을 사용하지 말고 Schedule Tool을 사용해서 관련 자료를 제출하면 좋겠어.

김대리 알겠습니다. 스케줄팀과 협의하도록 하겠습니다.

최부장 마지막으로 입찰 스케줄 Activity 개수를 대략 몇 개나 나올 듯하나, 김대리?

김대리 대략 500개 미만으로 작성하지 않나요?

최부장 내가 보기에는 Engineering은 크게 3개의 Area, Procurement는 공통으로 짜고 Construction은 다시 3개의 Area로 구분해서 작성을 하면 Engineering 500개, 구매 500개, 시공 1,000개 정도 하면 2,000개 정도는 되리라 판단이 되니 김대리가 공정팀과 협의할 때 대략 Activity 개수를 고려해서 협의하는 것이 좋을 거야.

김대리 네, 부장님. 지도 감사합니다.

최부장 오늘은 이 정도만 하고, 나머지는 다음 주 목요일 정규 미팅 시간에 스케줄팀과 협의하는 것으로 하지.

조과장은 미팅이 끝나고 퇴근하려다 새로운 영업팀이 보낸 입찰 PQ 이메일 내용을 확인한 후 최부장에게 전달하고 퇴근을 한다. 최부장은 다음 날 아침 조과장의 이메일을 확인하기 시작한다. 그리고 갑자기 모든 부서원을 급하게 부른다.

최부장 신입사원은 어디 갔나?
허사원 오늘 월차인 것으로 알고 있습니다.
최부장 어제 조과장이 배포한 영업팀 PQ 자료 다들 읽어 봤어?
허사원 저는 미처 읽어보지 못했습니다.
최부장 조과장은 읽었나요?
조과장 네, 제가 내용만 조금 확인은 했는데 기본적으로 저희가 계획했던 내용과 크게 2가지 정도 큰 차이가 있습니다.
첫 번째는 설계 업무를 현지에서 설계하는 조건으로 저희가 입찰을 했고, 두 번째는 PQ 통과 시 우리 회사 단독으로 통과한 것이 아니라 입찰 때 우리 회사와 컨소시엄으로 통과한 업체가 이미 정해졌다는 것입니다. 이러한 내용은 입찰서 내용에는 없고 추가로 받은 Addendum에 별도로 있다고 합니다. 사실 저희는 지금까지 단독으로 입찰을 준비하고 있었는데 이미 PQ 내용에 따르면 시공은 현지 업체 B사로 정해져 있었습니다.
최부장 사실 PQ 내용대로 입찰을 해야 한다면 정말 힘든 입찰이 될 듯합니다. 사실 한 달 동안 우리가 작성한 내용을 전면 수정해야 할 상황이에요. 시공 관련 문서 및 시공 외주는 B사가 모두 진행을 해야 하는 상황이었는데 이런 것을 모르고 했다는 것이 당황스럽기도 하고 업체가 가지고 있는 지분이 시공 포함 45% 정도로 알고 있는데, 이 정도라면 시공 금액만으로 45%를 채우기는 쉬운 일이 아닐 거예요. 우리와 B사간 컨소시엄 입찰서 하나만 꾸미려 해도 정말 쉬운 일이 아닐 텐데 정말 걱정이네. 빨리 이번 입찰 PQ 담당자 불러서 확인하고 오늘 오후에 조과장이 미팅을 잡도록 하세요.

조과장 네, 알겠습니다.

• • •

최부장 안녕하세요? 차차장님.

차차장 네, 안녕하세요.

최부장 보내주신 인도네시아 입찰 PQ 자료 내용을 보면 중요한 내용들이 보여서 차차장을 보자고 했습니다. 현지에서 설계를 하고 시공 업체로 B사가 선정된 것이 맞나요?

차차장 네, 맞습니다.

최부장 이런 내용은 사실 엄청 중요한 사실인데 이러한 자료가 어제 전달되었다는 사실이 이해가 안 되네요.

차차장 일단 상황을 설명하자면 보통 PQ는 회사 소개 자료 정도면 충분한데 이번에는 특이하게 입찰 관련 자료를 많이 제출하게 되어 있어서요. 특히 전략적인 요소에 PQ가 많이 들어가다 보니 좀 공격적인 PQ를 하게 되었습니다. 그리고 저희가 PQ 입찰에서 상위라는 정보를 받고 저는 기본 자료를 영업팀에 넘겨주고 업무상 3주 정도를 현지에 머물렀는데 미처 전달이 늦어진 것 같습니다. 죄송하게 생각합니다. 그리고 제가 알기로는 저희가 전에도 동일한 발주처 인도네시아 입찰을 해서 제출한 내용이 있는데 전달이 아직 안 된 것으로 알고 있습니다. 그 자료를 활용하시면 좀 더 빨리 업무를 진행할 수 있을 것입니다.

최부장 도와주셔서 감사합니다. 그럼 지난번 PQ 작성에 참여한 영업팀 이대리가 저희 입찰에 함께할 수 있나요?

차차장 네, 아마도 이대리가 하고 있는 업무가 있으니까 완료되면 보내주는 것으로 하겠습니다. 그리고 B사 PQ 담당자는 제가 별도로 이메일로 Contact Point 알려 드리겠습니다.

최부장 시간 내주셔서 감사합니다. 조과장은 자료 확인해서 접수 부탁하고 우리는 별도 미팅을 하는 것으로 하자고.

PM팀 네, 부장님.

최부장은 영업팀과 미팅이 끝난 후에 바로 돌아가 프로젝트 인원을 다시 불러서 미팅을 소집한다.

최부장 현재 가장 급한 일은 B사에 연락을 해서 공동으로 입찰서를 꾸미는 범위를 다시 작성을 해야 하고 더불어 시공 관련해서는 외주가 모두 나갔는지 확인을 해야 할 듯해. 시공은 우리 범위가 아니기 때문에 시공 전까지만 우리가 작성해서 B사에 주면 시공 관련 물량은 B사가 직접 시공 금액을 산출하는 것이 맞는 것 같아. 김대리는 지금부터 우리가 작성한 입찰 목록에 시공 관련 분야는 B사를 Action by로 넣고, 우리는 Support by로 해서 입찰 목록을 수정하고, 조과장은 영업팀으로부터 받은 Contact Pont 확인해서 원격화상회의[87] 일정 잡고, 허사원은 웹 디스크에 B사 폴더 만들어서 별도 권한을 부여하고 입찰 목록을 웹 디스크 Setting 부탁해.

허사원 네, 부장님 언제까지 하나요?

---

[87] **원격화상회의**(Teleconference): 다자간 전화를 이용하거나 화상 통신 장비를 이용한 화상회의를 원격으로 하는 경우.

최부장 오늘은 힘들 테고 내일까지 부탁해.

오늘은 정신없이 일을 진행하다 보니 퇴근시간이 지나고 벌써 몇 시간이 더 가고 있는데도 모두 맡은 업무에 정신을 못 차리고 있었다. 최부장이 일어서면서 조과장에게 지시를 한다.

최부장 조과장, 시차를 고려할 때 지금은 B사 담당자와 연락이 될 수도 있겠네. 전화해서 받으면 내일 전화 미팅을 잡고 전화 미팅에 참석하는 사람들 정보를 메일로 보내달라고 해 봐.

조과장이 인도네시아에 전화를 하니 마침 누군가가 전화를 받았다. 그리고 대부분 퇴근했다고 했다. 메시지를 남기라고 해서 한국 업체로 전화 요청을 했고 메일 확인 부탁한다고 말하고 전화를 끊었다.

최부장 B사 담당자가 받아?
조과장 아니요, 다들 퇴근했고요. 부장님이 말씀하신 요청 사항 전했습니다. 아마 내일쯤이면 담당자가 이메일 답신을 줄 것으로 예상이 됩니다.
최부장 그럼 모두 퇴근하고 내일 열심히 하자고.
PM팀 네, 부장님.

조과장은 아침에 오자마자 이메일을 확인했고 현지는 출근 전이어서인지 답신 이메일이 없었다.

최부장 어제 요청한 입찰 목록을 만들었으면 가지고 와 봐.
김대리 네, 부장님.

최부장이 코멘트한 분야는 모두 수정하고 김대리는 본인이 맡은 스케줄 관련 업무를 열심히 하기 시작했다. 조과장은 초조하게 답신을 기다리고 있었고, 허사원은 어제 만들다 못한 웹 디스크에 입찰 폴더를 권한별로 Setting 하고 있었다. 나사원은 썰렁해진 사무실 공기를 느끼며 허사원에게 다가간다.

7th week

나사원 선배님, 다들 아침부터 왜 이리 말도 없이 바쁘나요?
허사원 조금 있으면 알게 될 거야. 내가 좀 바빠서 나중에 이야기하자고.
조과장 최부장님 이메일에 답신이 왔는데 점심시간에 미팅 일정이 잡혔습니다. 컨소시엄 담당자 3명이 전화 미팅에 참석을 하겠답니다.
최부장 오늘은 점심을 늦게 먹는 것으로 하고, 알았다고 답신하고 원격 화상회의가 가능한 미팅룸을 예약하라고.
조과장 네, 알겠습니다.

조과장은 신입사원을 불러서 원격화상회의 미팅 예약 관련 업무를 가르친다.

조과장 전화 연결이 되었습니다.

최부장은 PQ 업체에게 질문 공세를 한다. PQ 통과 후 입찰 준비를 하고 있는 것을 아는지 45% 관련해서 상호 업무 범위[88]가 협의되었는지 입찰을 함께 하려면 한국

---

88   **업무 범위**(Scope of work): SOW라고 약어로 자주 쓰이며 입찰안내서에서 언급한 업무 범위 안에서 입찰을 수행하는 것이 무척 중요하다.

에서 할 건지 인도네시아에서 할 건지 마지막으로 우리가 작성한 입찰 웹 디스크 ID/PW를 알려주고 접속 방법은 이메일로 송부하기로 하고 전화 미팅은 끝이 났다.

최부장 조과장, 입찰 목록에 B사를 구분해서 표기했으니까 메일로 엑셀 파일을 보내고 검토 의견 달라고 해 봐.
조과장 네, 알겠습니다.
최부장 금주 목요일은 변경된 인덱스를 가지고 부서와 입찰 범위 관련 업무를 재조종할 것이니까 관련 자료 송부하고 미팅 참석을 요청하라고, 조과장.

조과장은 미팅 일정 통보 및 변경된 입찰 목록을 송부하라고 허사원에게 다시 업무 지시를 한다.

최부장 금일 입찰 정규 미팅은 미리 저희가 송부한 입찰 목록 관련해서 보고 오셨는지 모르지만 시공팀 범위가 많이 변경될 듯해서 확인이 필요합니다.
시공 LE 시공은 모두 B사로 되어 있던데 저희는 입찰에서 빠지면 되나요?
최부장 모든 시공 관련 업무를 B사가 하기 때문에 실질적으로는 우리 시공팀은 현재로서는 필요 없는 게 맞습니다. 그러나 아직 결정된 사항은 아니며 B사와 최종 협의 후 저희 시공팀은 코디네이션 위주로 업무를 수행하면 됩니다.
입찰구매 LE 저희는 시공팀에 제공하는 자료를 모두 B사에 보내야 하나요?

설계팀 저희가 작성한 BOQ는 시공팀에서 금액을 산출할 목적으로 시공팀에 보내는 것인데 앞으로는 B사에 보내는 것이 맞나요?

스케줄 LE 시공 스케줄은 B사가 작성하는 건가요?

최부장 질문하신 답에 대해서 확정하기는 어렵지만 아마도 B사가 시공업무를 담당하면 지금 말씀하신 절차를 확정해야 하지 않을까 생각이 되네요. 다음 주까지는 현재 진행하는 상태를 유지해 주시고 제가 다음 주 전까지 관련 사항을 B사와 협의해서 관련 절차를 확립하도록 하겠습니다.

스케줄 LE 네, 빠른 답변 부탁합니다.

최부장 그리고 시공을 제외한 스케줄 관련 업무를 언제쯤 끝낼 수 있나요?

스케줄 LE 이번 입찰 스케줄 요구 사항을 보면 정말 많은 내용을 요청하고 있습니다. 사실 Cash Flow를 스케줄팀에서 구현한다는 것은 입찰 스케줄 범위를 넘어서는 거라서 고민을 하고 있었습니다. 이러한 내용을 Tool로 구현하려면 모든 물량이나 금액 관련 사항이 모두 Tool로 반영되어야 하는데 현재로서는 불가능한 조건입니다. 추가로 장비 동원 계획이 있는데 이것은 누구의 영역인지도 모르겠네요.

최부장 혹시 모두 제출하는 조건으로 저희가 도와야 할 사항에 대해서 알려주시면 저희가 최대한 스케줄팀의 입장에 맞추어 일을 하도록 하겠습니다.

스케줄 LE 저희가 작업을 하기 위해서는 우선적으로 Engineering 관련 M/H를 성과품 Base로 모두 Break down(분개)해서 주시고 구매는 PO별 금액을 주시고 시공은 시공 Activity 관련된 BOQ 물량 및 시공 M/H을 주시면 합니다.

시공 LE 시공 관련 자료는 B사로부터 받는 것이 맞는 것 같습니다.

최부장 설계 M/H는 저희가 대부분 집계가 되었으니 금주 안으로 보내 주겠습니다. 구매는 사실 입찰 완료 1달 전에나 집계가 될 예정이며 이보다 더 늦어지면 제가 예상한 자료를 송부하도록 하겠습니다. 시공 관련해서는 시공 M/H 비율을 가지고 만들어서 제출할 수 있도록 하면 어떠신지요?

스케줄 LE 알겠습니다. 제가 2주 안에 각 부서의 기본 일정을 반영한 세부 스케줄을 제출하도록 하겠습니다. 물량은 주시는 대로 별도로 반영을 하겠습니다.

최부장 네, 감사합니다. 혹시 질문 있으시면 하시죠?

구매 LE 저희는 2주 안에 구매 PO에 대해서 일정 및 운송 스케줄을 줄 수 없는데 스케줄팀에서는 작성이 가능하시나요?

스케줄 LE 각 부서별 PO에 대해서는 과거 자료를 기준으로 반영을 하고 입찰구매팀에서 주신 자료를 가지고 최종 반영 예정입니다.

구매 LE 네, 그렇게 하시지요.

최부장 더 이상 질문이 없으시면 오늘 미팅은 끝내는 것으로 하고 B사와 관련 사항은 협의되는 즉시 이메일로 배포하겠습니다.

최부장은 금일 Meeting에서 언급된 사항을 MOM으로 작성하라고 허사원에게 지시하고 급하게 미팅 장소를 빠져나간다. 그리고 조과장에게 지시를 한다.

최부장 조과장이 금일 Meeting에서 요청한 사항을 B사에 보내서 관련 업무를 확정할 수 있도록 원격화상회의를 예약하고, 매주 화요일, 금요일 오전에 정기적으로 전화 미팅할 수 있다면 시간을 고정하도록 해.

조과장 네, 알겠습니다.

최부장 허사원, 금주는 Chapter 1을 1차 검토하기로 되어 있는 주인데 오늘 가능한가? 오늘 검토한 내용을 토대로 내일은 웹 디스크에 자료를 업로드한 후에 내일 B사와 관련 내용을 협의하려고 하는데 오늘까지 1차 완료 가능 하겠어?

허사원 네, 부장님. 대략 초안 수준에서 완료를 했고 아직 POA 같은 경우는 인증까지 진행하지는 못했습니다.

최부장 그럼 좀 미진하더라도 지금 내용을 확인하자고.

최부장과 허사원은 Chapter 1에 대해서 내용을 검토한 후 웹 디스크에 입력된 목차 순서에 따라서 파일 업로드를 지시하고 조과장을 부른다.

최부장 B사 입찰 담당자에 이메일 보내서 금일까지 지난주에 송부한 입찰 목록 범위 변경 사항이 있으면 회신 달라고 해.

조과장 네, 부장님.

최부장 지난번에 부서에 요청한 Engineering Man-hour 모두 받았나? 누구에게 시켰지? 그리고 Engineering M/H 집계 완료됐으면 공정관리팀으로 보내 주도록 하지.

김대리 아직 완료되지는 않았습니다. 대부분 부서에서 제출을 했는데 아직 기계/공정(Process)팀이 제출을 하지 않았습니다.

최부장 문제가 뭔지 확인하고 빨리 제출하라고 해.

김대리 아마도 기계팀은 Vender Package 일의 양을 아직 가늠하지 못해서 그런 것으로 알고 있습니다.

최부장 그럼 언제까지 완료할 수 있는지 확인했어?

김대리 아직 확인은 못했습니다.

최부장 다시 확인해서 부족한 부분에 대해서는 참조 자료를 가지고 대략 유추에서 M/H 제출하라고 해.

김대리 그리고 공정팀은 License Package 관련 자료를 아직 접수하지 못한 내용이 있어서 관련 부분의 업무량이 파악이 되지 않아서 주지 못한 것으로 알고 있습니다.

최부장 마찬가지로 공정팀도 참조 자료를 이용해서 M/H을 산출에서 내일까지 받아서 정리하도록 하고.

조과장 네, 알겠습니다.

김대리 제가 지난주 TQ에서 확인한 내용 중에서 License Package 관련 자료를 포함해서 접수한 것으로 알고 있습니다. 공정팀은 자료를 접수하지 못했을 수도 있고요.

최부장 조과장, 확인한 거 있어?

조과장 죄송합니다. 제가 최근에 TQ 관련 답신을 확인하지 못했습니다.

최부장 일이 조과장에게 너무 몰려서 아마도 시간이 없었을 거야. 앞으로는 김대리가 조과장이 바쁘면 TQ 관련 업무를 도와주도록 해.

김대리 네, 부장님.

최부장 그리고 조과장은 TQ 확인 후 관련 내용 포함해서 빨리 공정팀에 배포하고 김대리는 내일까지 공정팀으로부터 M/H을 받아 정리한 후 내일 다시 전체 Summary M/H를 확인하는 것으로 하자고.

김대리 네, 알겠습니다.

최부장 오늘 오후에는 Chapter 4 준비 사항을 확인하도록 할 테니까 모두 관련 Chapter를 읽고 이해를 하고 오라고 특히 이번 내용은 신입사원을 시킬지 모르니까 꼼꼼히 보고 와.

나사원 네, 부장님.

최부장 신입이 배짱이 있는데. 기대해 보겠어.

다시 하루가 흘러갔다.

7th week

Quick Tips!

입찰 스케줄은 수행을 전제로 스케줄을 작성해야 한다.

PM 경험이 있다면 프로젝트를 수행할 시, 90 days 스케줄을 잘 이해하고 있을 것이다. 90일 안에 프로젝트 세부 스케줄의 승인을 받는다는 의미이다. 만약 스케줄을 90일 안에 승인을 받지 못하고 간다는 것은 다른 업무 또한 밀린다는 것이다. 특히 PM의 업무 Load에 치명적인 영향을 미친다. 그리고 발주처와 신뢰성에 초기부터 큰 타격을 입는다. 기성 금액도 스케줄을 기반으로 받을 수 있기 때문에 스케줄의 승인이 필수이다. 다시 입찰 스케줄을 생각해 보자. 우리는 입찰 스케줄을 허술하게 짜는 경우가 많다. 설령 우리가 프로젝트를 수주한다고 해도 스케줄의 대부분 내용은 변경되고 새로운 내용으로 다시 작성이 될 것이다. 과거의 경우는 그러했지만 현재는 입찰을 기준으로 수행 스케줄도 작성한다. 어느 정도는 이해가 갈 수 있다. 핑곗거리를 찾자면 입찰 때와 실행 때 조건이 많이 달라진다거나 입찰 때는 사람이 겨우 1명에서 1개월 안에 짠다는 핑곗거리는 만들 수 있지만 결국 이러한 핑계는 수행 스케줄 작성 시 필요 없는 스케줄 작성 시간을 많이 소비해야 한다는 것이다. 사실 입찰을 수행과 동일하게 짜라고 하기는 어렵지만 가능하면 자세히 짜면 짤수록 스케줄은 차후 다양한 곳에서 성과를 발휘할 수 있다. 입찰 스케줄을 형식적인 스케줄이 아닌 진정한 도움이 되는 스케줄을 짜도록 하는 것이 수행에 큰 도움을 준다.

Chapter 4

설계 관리

8th week

Chapter 4 〈설계 관리〉 요약

입찰 목록

❶ 기본설계 정보 Basic Engineering Data
❷ 프로세스 설계 Process Design
❸ 파이프라인 PIPELINES
❹ 토목 설계 Civil Design
❺ 건축 설계 Architecture Design
❻ 기계 Equipment Design
❼ 새로운 기술 New Technology
❽ 전기 설계 Electrical Design
❾ 통신 설계 Telecommunication Design
❿ 계장 설계 Instrument Design
⓫ 맥 입찰 MAC Proposal[89]
⓬ 벌크 물량 요약 Bulk of Quantity Summary

요구 사항

- 설계 관련된 모든 수정된 도면을 요구함
- 적용할 최신 기술 요청
- 계장 관련해서 특별히 MAC Proposal 제출
- 벌크 물량 요청

---

[89] **MAC**(Main Automation Contractor) **Proposal**: 발주처가 CISS 통합을 위해 별도로 관리할 수 있는 전문 시스템 벤더의 제안서를 요구함.

최부장 오늘은 Chapter 4 설계 관련 입찰 목록을 검토하도록 하지. 내일까지 조과장이 입찰안내서 내용 확인해서 어떤 설계 관련 업무를 진행해야 할지 잘 고민해 보고 와. 그리고 우리가 제출할 부서별 성과품 목록도 함께 확인하게.

조과장 네, 알겠습니다.

최부장 조과장은 잠깐 내자리로 와서 설계 관련해서 이야기를 하자고.

조과장 네.

최부장 어제 내용을 좀 봤어?

조과장 네, 확인을 했는데 사실 너무 방대해서 제가 특별히 할 일은 없었습니다. 보통 다른 입찰 내용은 설계 관련해서 절차서나 설계 전략이라던가 저희가 나름 기술을 할 수 있는 내용인데 이번 제출 요청한 성과품은 지극히 현실적인 내용입니다. 설계가 변경된 부분에 대해서 Cloud Mark 후에 도면을 제출하는 내용이나 우리가 새롭게 적용할 기술, 그리고 MAC Proposal에 대해서는 발주처가 이미 정한 Vender를 사용해야 하는 부분도 있었습니다.
마지막으로 이러한 모든 변경 내용은 별도로 VE를 통해서 저희가 가격을 제출하는 것으로 되어 있습니다.

최부장 그러면 이번에는 각 팀이 고생을 하겠네. 조과장은 설계를 하기 위해서 각 팀별로 주고 받는 자료는 알고 있나?

조과장 보통은 스케줄에서 하는 거 아닌가요?

최부장 물론 스케줄에서 알아야 하는 내용도 있지만 실질적으로는 프로젝트 조직에서 더욱 잘 알고 있어야 하는데.

조과장 간단한 내용은 알고 있는데요. 각 팀별로 나오는 도면 정도는 알고 있는데요.

8th week

최부장 이번 프로젝트는 중요하게 생각해야 될 부분이 설계 자료의 흐름을 명확하게 파악하고 있는 것이 좋을 거야. 그럼 조과장을 위해서 간단하게 설명을 할 테니까 나중에 부서 코디네이션을 할 때 순서를 지켜서 진행을 하도록 하라고. 발주처로부터 받은 도면에는 Licensor 자료도 있고 기본 설계 회사에서 디자인한 오픈 아트[90]도 있어 사실 Licensor 설계 자료는 EPC 회사에서 변경하려면 Licensor 회사와 협의를 해서 변경해야 하지만 오픈 아트는 특별히 Licensor가 없기 때문에 설계 변경이 좀 더 쉽지. 대부분 화학 플랜트를 보면 Licensor 자료와 오픈 아트 자료가 섞여 있는 경우가 많기 때문에 잘 확인하고 코디네이션을 해야 할 거야. 조과장, 설계팀 중에서 가장 먼저 설계를 시작하는 팀이 어디라고 생각해?

조과장 프로세스팀 아닌가요?

최부장 아마도 그렇겠지. 프로세스 도면을 보면 전체 공장에 대한 이해를 할 수 있지. 이러한 프로세스에서 가장 중요한 것은 타 부서가 일을 할 수 있도록 필요한 자료를 제공하는 거야. 가령 기계 목록 계장에 계기가 설치되어 있지 않으면 프로세스 도면을 정확히 수정해서 보내 주거나 새로운 뭔가가 바뀌면 프로세스팀에서 기본적으로 흐름도를 그려서 각 부서가 일을 할 수 있도록 기본 준비를 해 주는 거야. 이해가 가?

조과장 네.

최부장 프로세스가 모두 확정되고 나면 배관 부서는 다시 플롯 플랜을 이용해서 정확히 기계의 위치를 표현해 주고 배관 ISO 도면

---

[90] **오픈 아트**(Open Art): 플랜트 설계 시 특허가 요구되지 않는 설계 영역.

은 시공할 수 있는 도면으로 배관 부서에서 가장 중요하다고 해도 과언은 아닐 거야. 배관도 설계에 필요한 도면들이 확보가 되면 Loading Data를 작성해서 토목팀에 넘겨 줘. 사실 대부분의 배관 라인은 Pipe Rack 혹은 Pipe Structure 위에 놓이기 때문에 하중을 계산할 수 있는 내용을 토목팀에 주는 거지. 배관이 끝이 났다는 것은 플랜트의 기계와 파이프가 연결된 길이 완료가 되었다고 생각하면 돼. 전기 케이블은 배관이 지나가는 위치나 Pipe Structure 위 칸으로 지나가는 거야. 이때 계장과 전기에 Loading 자료도 있을 텐데 어느 팀에 줘야 할까?

조과장 토목팀 아닌가요?

최부장 맞는 말이야. 파이프, 전기, 계장 등 파이프 랙에 올라가는 모든 Loading 자료는 토목에 받아서 파이프 구조에 반영을 하겠지. 전기를 예로 든다면 전기를 사용하는 모든 부서는 전기 Loading 정보를 전기 부서에 제공하면 전기팀은 받아서 전기 관련 장비의 크기를 결정할 수 있지. 이러한 내용을 알려 주는 것은 부서에서 변경된 도면을 제출할 때 반드시 후속 공정이 있는지를 확인해야 한다는 뜻이야.

조과장 네, 부장님. 제가 모르는 내용은 꼭 확인하고 후속 공정이나 선행 공정에 문제가 없도록 관련 업무를 수행하도록 하겠습니다.

최부장 하나만 더 확인하고 넘어가자고. MAC Proposal이 뭔지 아나?

조과장 제가 조사한 바에 따르면 MAC(Main Automation Contractor)는 플랜트의 뇌라고 생각하는 ICSS(Integrated Control and Safety System) 시스템과 플랜트에서 사용하는 또 다른 시스템을 통합하고 관리하는 업무의 범위를 부여한 별도 계약자를 의미합니다. 기존에는 단순하게 시스템을 판매하는 Global Vender 역할을 했지만 지금은 너무도 다양한 시스템과 ICSS가 연동되다 보니 별도의 MAC를 두는 것이 최근 입찰안내서 트렌드로 보입니다.

최부장 과거에도 이런 내용이 있었다는 건가?

조과장 네, 제가 지난번에 입찰한 내용에도 이러한 사항이 있어서 정말 코디네이션하기 힘들었습니다. 심지어는 제가 필요한 부분에 대해서 MAC MR까지 작성을 했습니다.

최부장 PM팀에서 MR을 작성하는 것이 말이 돼?

조과장 IT팀 업무라고 하기도 힘들고 부서 업무라고 하기도 힘들어 서로 안 한다고 하면, 결국 모든 책임은 Project Manager가 지는 것 아닌가요? 하여튼 저희 PM께서 제가 해보라고 해서 정말 좋은 경험을 했습니다.

최부장 하하, 대단해. 이번에도 조과장이 쓰도록.

조과장 부…장…님.

최부장 알았어. 일단 금일 협의한 내용으로 다시 부서와 일정을 잡을 수 있도록 미팅을 잡으라고.

조과장 네.

최부장 조과장이 준비를 열심히 했으니까 오늘 미팅은 진행할 수 있겠어?

조과장 네, 부장님. 제가 한번 해 보겠습니다.

최부장 그럼 미팅 준비 다 됐으면 들어가자고.

조과장 네.

・・・

최부장 조과장 다 모였으면 시작해.

조과장 안녕하십니까? 프로젝트에서 PE(Project Engineer)를 맡고 있는 조과장입니다. 금일 바쁘신데도 불구하고 이렇게 참석해 주셔서 감사드립니다. 금일 미팅은 이미 알려 드린 바와 같이 입찰 목록에 포함될 설계 성과품 제출에 대해서 진행하겠습니다. 제가 알기로는 업무 파악은 끝나시고 관련 자료를 준비하시는 것으로 알고 있습니다. 선행 부서부터 준비하고 있는 내용을 공유할 수 있도록 알려 주시기 바랍니다.

공정 LE 안녕하세요? 이번 설계 관련해서는 FEED[91]사에서 대부분의 설계 자료는 입찰을 할 수 있을 정도는 되는 것으로 알고 있습니다. 다만 오픈 아트로서 폐수 처리[92] 내용 설계가 없어서 저희 선행 부서에서 관련 자료를 준비 중에 있습니다.

조과장 언제까지 준비가 완료되나요?

공정 LE LL 자료를 활용하면 1주일 정도 걸리고 폐수 처리 전문 회사로부터 설계를 받으면 1개월 정도 걸립니다. 그래서 저희는 전문 회사를 찾아서 설계를 진행하려고 합니다.

조과장 그럼 부서에 자료를 1개월 이후에나 줄 수 있다는 거네요?

공정 LE 아마도 그럴 겁니다.

조과장 그럼 폐수 처리 회사가 모든 설계·제작·시공까지 모두 책임지는 회사인가요?

공정 LE Core 설계는 하지만 전기, 건물 등은 자체로 할 수 없고 재하도급이 필요한 것으로 알고 있습니다.

---

[91] **FEED**(Front End Engineering Design): 상세 설계 전에 하는 설계. 한국은 아직 FEED를 수행하기의 기술력이 부족함.
[92] **폐수 처리**(Waste Water Treatment): 폐수 처리 시설이며, WWT 약자를 주로 사용함.

조과장 전체적으로 2개월 안에 저희가 폐수 처리 전문 업체에게 요청하면 견적을 받을 수 있나요? 그리고 가격 경쟁력이 있을까요?

공정 LE 보통 저희가 직접 설계하고 공사하는 것보다는 약 20% 정도 비싼 금액으로 알고 있습니다.

조과장 그러면 저희가 기존에 유사 프로젝트를 활용해서 업무를 수행하면 공정팀은 기간이 얼마나 되나요?

공정 LE 내부 인원은 한 명 정도 더 필요하고 2주 안에 필요한 정보를 부서에 줄 수 있습니다.

조과장 그러하면, 기계 부서는 공정팀 자료를 받으면 금액을 뽑는 데 얼마나 걸리나요?

기계 LE 한 달이면 가능합니다.

조과장 전기 LE는 어떠십니까?

전기 LE 기계팀이랑 비슷하게 걸릴 겁니다.

조과장 가능하시면, 공정팀은 기존 자료를 활용해서 필요한 정보를 기계팀에 보내 주시고, 기계팀은 받은 정보를 활용해서 금액을 일차 산출하고, 전문 폐수 처리 업체에게 Proposal을 별도로 받아 보시기 바랍니다.

공정 LE/기계 LE 네, 알겠습니다.

조과장 설계 관련해서 선행 부서는 후행 부서를 생각해서 협의된 시간 안에 모두 제출하여 주시고, New Technology 관련해서 가능하신 부서는 정해진 형식에 맞게 제출을 하여 주시기 바랍니다.

계장 LE 제가 프로세스를 보던 중에 좀 구식 시스템을 쓰는 곳들이 많이 있어 TQ를 통해서 New System으로 제안을 해보고 싶은데 가능한가요?

조과장 혹시 New System을 적용하면 금액은 올라가나요?

계장 LE 특별히 그렇지는 않습니다. 제가 보기에는 오래된 설비라서 Spare Part를 갈거나 하면 돈이 더 들 겁니다.

조과장 그러면 저희 입찰에 충분히 유리하게 작용할 것으로 보입니다. VE로 제출하여 주시고 Save된 비용도 알려 주시기 바랍니다.

계장 LE 네.

배관 LE 요즘 새로 나온 Pig Launcher & Receiver를 설치하면 중요 Pipe에 대해서 정말 시설 관리가 편리한데 이런 것을 저희 설계에 도용하면 어떨까요?

조과장 금액은 어느 정도나 드나요?

배관 LE 기존 설비에 1.3배 정도 되네요.

조과장 그럼 TQ로 내시고 관련 설비를 적용하자고 발주처에 제안을 해보세요.

배관 LE 네, 그러면 입찰자들이 입찰 금액을 동일하게 올리면 되겠네요. 알겠습니다.

전기 LE 제가 문의 드릴 게 있어서 그런데요, 입찰안내서에서 주장하는 바에 따르면 사람이 거주하지 않는 빌딩에 대해서는 통신 장비를 놓지 않아도 된다고 써져 있는데 저희 빌딩은 거주하지는 않지만 가끔 사람들이 들리는 것으로 알고 있는데 혹시 통신 설비를 해야 하나요?

조과장 제가 알기로는 이러한 문제로 가끔 발주처와 논쟁이 있는 것으로 알고 있습니다. 그러면 리스크도 해결하고 금액도 줄일 목적으로 설비는 하지 않는 것으로 하고 혹시 발주처와의 논쟁에 대비해서 지하 Cable Duct 설계 시에 여유를 주면 어떨까요?

8th week

전기 LE 제 생각에는 TQ로 확정을 하고 가는 것이 맞아 보입니다.

조과장 알겠습니다. 관련 내용은 TQ로 발주처에 확인한 후 설계에 반영을 하는 것으로 하겠습니다.

조과장 마지막으로 MAC Proposal 관련해서는 논의하고 마치는 것으로 하겠습니다. 계장 LE께서 관련 사항을 설명해 주시면 합니다.

계장 LE 사실 MAC Proposal을 저희가 한다는 것은 무리가 있어 보입니다. 이것도 입찰의 일종으로 볼 때 PM팀에서 해야 할 듯합니다.

조과장 물론 그렇기는 하지만 전문 분야를 저희가 한다는 것에는 어려움이 있습니다. 제목만 Proposal이 붙였지 사실은 전문 설계 영역으로 봐야 할 것 같습니다.

최부장 MAC Proposal Scope이 발주처 문서에 정해진 내용이 있나요?

계장 LE 입찰안내서 내용에 기본적으로 발주처 역무, 계약자, Vender, MAC Consultant로 정해진 Check List가 있습니다.

최부장 그럼 관련 내용을 간단하게 MR로 작성해서 한국의 유명한 업체에게 맡기고 금액을 받아 보시면 좋을 듯합니다.

계장 LE 제 생각에는 Vender가 인도네시아에 있기 때문에 관련 업무는 B사에서 처리하는 것이 맞을 듯합니다.

최부장 관련 내용을 B사에 이메일로 확인하겠습니다. 조과장은 수고했어요. 금일 미팅은 정말 힘든 미팅이네요. 아무래도 선행 부서가 힘이 들겠지만 먼저 관련 업무를 후행 부서를 위해서 좀 더 빨리 배포를 부탁합니다. 저희가 시간으로 따지면 2달 안에 모든 설계 업무를 완료하기는 어렵지만 최선을 다하면 가능은 하다고 생각이 됩니다. 거듭 부탁드립니다. 그리고 저희 PM팀에서 도울 일이 있으면 언제든지 연락을 주시면 최선을 다해서 업무 협조하겠습니다. 다들 수고들 하셨습니다.

조과장 부장님, 저희가 어제 미팅하고 업무 범위 조정을 요청한 사항에 대해서 B사가 원격화상회의로 미팅을 하자고 합니다.

최부장 날짜는 목요일 오전입니다. 알았다고 이메일[93]로 답장하고 미팅 준비를 해.

최부장 Hello.

B사 PM Hello.

최부장 Would you like to share the issues for today's meeting for us?

B사 PM Ok, I have two issues for today's meeting. First one is about the download speed of web disk. It is too slow. The other one is that we could open the DropBox instead of your web-disk.

최부장 As per the web-disk download speed, we haven't seen a slowdown when operating. But I will discuss with our IT System Engineer about the reason why it is slow. But I am now ok on opening the DropBox.

B사 PM Could you let us know as soon as possible the reason why it is so slow? Otherwise I will separately use our DropBox for upload the document. Do you have anything

---

[93] 이메일(e-mail): 인터넷상으로 보내는 서신, 문서 등.

else to discuss?

최부장 Nothing else. Thank you for your time. I will work out a slowdown problem in speed as soon as possible and advise you by tomorrow.

B사 PM Thanks, see you next time.

Quick Tips!

설계도 중요하지만 설계 관리의 부재는 실패의 요인이 된다.

설계는 정말 광범위한 분야입니다. 플랜트 설계 하나만 놓고 보더라도 정말 힘들고 고도의 기술을 요구하는 경우가 많습니다. 특허가 해당되지 않는 오픈 아트 분야는 한국 업체도 많이 하지만 선진사에서 수행하는 Licensor 설계나 FEED 설계는 현재도 한국 업체가 수행하는 것은 쉽지 않아 보입니다. 그렇지만 대한민국 Oil Major사가 석유 화학을 수출하는 규모는 세계의 Oil Major사와 비교를 해도 뒤떨어지지 않습니다. 한국의 Major Oil 회사가 상당한 기술력을 가지고 있음에도 불구하고 EPC 플랜트 업체들의 기술이 선진사에 비교해서 뒤떨어지는 경우는 설계 능력에서 찾기보다는 플랜트 관리 능력에서 찾아야 한다고 선진사 담당이 말해준 것이 생각이 납니다. 저도 나름 공감이 가는 점이 있다면 규모가 커질수록 스케줄 관리, 리스크 관리, 설계 자료 관리, 하도급 관리, 시스템 관리 등에 선진사에 많이 뒤쳐 있는 것을 발견할 수 있습니다. 그리고 한국 업체의 인건비는 중국이나 인도에 비해서 많이 높습니다. 그러므로 인건비를 줄이기 위한 현지화 전략도 상당히 중요한 사안으로 고려해야 합니다.

9th week

Chapter 5

구매 관리

9th week

Chapter 5 <구매 관리> 요약

입찰 목록

❶ 조달 수행 절차서 Procurement Execution Procedure

❷ 구매 절차서 Purchasing Procedure

❸ 장기 납기 품목 Long Lead Item

❹ 자재 관리 절차서 Material Management Procedure

❺ 창고 관리 절차서 Warehouse Management Procedure

❻ 수출 통제 Export Control

❼ 지역 물품 Domestic Content

요구 사항

- 입찰 목록 7번 조항에 따라서 50% 이상을 Domestic Content를 맞추는 작전을 구사했지만 그 나라에서 제작 가능한 주요 기자재가 한정적이어서 최대한 Domestic Contents를 맞추기 위해 B사가 관련 사항을 조사할 수 있도록 협조를 요청한다.

최부장 구매 관련해서 금주 구매팀과 Chapter 5 미팅 예정인데 김대리가 미팅에 필요한 사항 조사 후 보고해 줘.

김대리 네, 부장님. 그런데 뭘 준비해야 하는지 잘 모르는데 좀 더 상세히 말씀하여 주실 수 있으신지요?

최부장 지금쯤은 김대리도 익숙해질 때가 되지 않았나? 우선 입찰안내서에 내용을 잘 보고 우리가 발주처에 제출할 내용을 정리하고 입찰 구매 부서에 요청한 사항을 정리해서 이야기하면 돼. 그리고 내가 몇 주 전에 모두에게 보낸 이메일을 보면 SKK MIGAS 관련해서 300페이지 정도의 문서가 있을 거야. 내용을 보고 필요한 부분은 잘 파악해서 입찰 내용에 반영하고, 기타 대부분은 입찰구매팀에서 조사해 오면 입찰안내서 요구 사항에 맞지 않거나 아직 제출하지 않은 부분에 대해서는 반드시 제출기한을 정하고 빨리 입찰 구매가 될 수 있도록 필요한 조치를 취해주라고.

김대리 네, 코멘트 감사합니다.

최부장 미팅 시간 다 되었는데 다들 미팅 가지.

• • •

최부장 만나서 반갑습니다. 아마 입찰 구매 관련해서 앞으로 한 달간은 저희 프로젝트를 위해서 최고로 고생을 해주실 분들인데 오늘 미팅에 참여해 주셔서 감사드립니다. 이미 EDMS를 통해서 입찰 목록이 정해졌고 입찰구매팀이 관련 문서를 작성 중에 있는 것으로 알고 있습니다. 아직 모두 완료되지는 않았겠지만 금일은 중간 점검 차원에서 이렇게 미팅을 요청했습니다. 혹시 지금까지 어려움이 있었거나 아직 진행되지 못한 사항이 있으면 기탄없이 말씀을 해 주시기 바랍니다.

입찰구매 LE 사실 저희는 부서에서 보내온 자료를 모든 벤더[94]에게 뿌리고 있어서 입찰서에 들어갈 내용은 보지도 못했습니다. 물론 담당자는 이미 정했지만 아직까지 크게 진척이 없는 것으로 알고 있습니다.

최부장 그러면 제가 관련 사항을 하나하나 확인하는 식으로 해서 업무 내용을 다시 정리하는 것으로 하면 어떨까요?

입찰구매 LE 네, 그렇게 하시죠.

최부장 조달[95] 수행 절차가 있는데 이 내용은 우리 회사 표준으로 등록이 되어 있는 것으로 알고 있습니다. 특별히 발주처에서 관련 절차에 대해서 언급한 내용이 없는 것으로 보아 저희 절차서를 컨소시엄 양식에 맞추어 준비를 하시면 될 것 같습니다.

입찰구매 LE 그렇게 하겠습니다.

최부장 구매[96] 절차서 요구 사항도 특별히 저희 표준 절차를 제출해도 될 것 같은데 어떻게 생각하시는지요?

입찰구매 LE 네, 발주처 구매 절차와 우리가 진행하는 절차가 큰 차이는 없어 보였습니다. 그래서 저의 표준 절차를 활용해서 대부분 필요한 절차를 만들었습니다. 그러나 AML[97]은 특별히 프로젝트 특성에 맞추어 작업이 필요합니다. 일차적으로는 발주처가 정하여 준 Vender가 있고, 이차적으로 저희가 새로 등록하는 Vender들을 승인받는 그러한 형태입니다. 그런데 발주처가 작성한 AML이 한국

---

[94] **벤더(Vender)**: 계약자가 자재 또는 서비스를 제공하기로 계약한 개인 또는 회사.
[95] **조달(Procurement)**: 물건을 구매한다기보다는 물건에 대한 구매 절차 등을 원활이 하기 위한 내용이 많고 직접 물건을 구매하지 않아도 된다.
[96] **구매(Purchase)**: 계약에 따라 물건을 돈을 주고 구입하고 상품을 인도받는 과정을 말한다.
[97] **AML(Approved Manufacture List)**: 입찰안내서에 포함된 발주처 승인 제조 회사.

벤더가 많지 않아서 새로 등록해야 하고 또 안전팀에서 진행하는 상당히 많은 특수 벤더들이 있어서 관련 내용을 포함해서 리스트를 만들어야 할 듯합니다.

구매입찰 LE 알겠습니다. 배관의 경우 AVL[98]에 중국 업체는 제외가 되어 있어서 가격 경쟁력을 위해서는 중국 업체도 승인이 필요해 보입니다.

최부장 SKK MIGAS에 따르면 저희가 Domestic Content를 50%로 맞추어야 하는 조건이 있습니다. 그래서 가능하면 Domestic 자재를 많이 활용해서 입찰 점수도 높이고 전략상 가능하면 최대한 벌크 자재[99]에 대해서는 가격을 고려해서 그 나라 자재를 많이 구매하는 것으로 전략을 취해주시기 바랍니다.

구매입찰 LE 50%는 너무 과도한 건 아닌가요? 이번 프로젝트에 Local 관련 사항은 큰 리스크로 보입니다. 또한 주요 기기에 대해서는 해외 Single Vender로 지정이 되어서 이 또한 견적을 받는 것이 쉽지는 않습니다.

최부장 이번 입찰은 가격경쟁을 잘하는 것이 최선이 되겠네요. 우선, Domestic Content는 차후 고려하더라도 가격 경쟁력이 좋은 한국과 중국 제조업체도 AVL에 적절히 포함을 시키는 것을 고려하세요.

구매입찰 LE 네, 그리고 구매 절차에 포함되어야 할 것들이 하나 더 있습니다.

최부장 어떤 내용인가요?

입찰구매 LE 기계 List를 모두 제출하게 되어 있습니다.

---

[98] **AVL**(Approved Vender List): 입찰안내서에 포함된 발주처 승인 벤더 리스트.
[99] **벌크자재**(Bulk Material): 배관자재, 전기자재, 보온자재 등 Plant 시스템에서 Tag로 관리하지 않은 일반 자재.

입찰구매 LE 공정팀에서 만드는 기계 리스트와 저희가 만드는 MSR (Material Status Report)를 기준으로 정리해서 내려면 앞으로 한 달 후에나 가능한 이야기입니다.

최부장 알겠습니다. AML 관련해서는 B사와 협의해서 문서를 공동으로 만드는 것이 좋을 듯합니다.

입찰구매 LE 네, 알겠습니다.

최부장 다음은 LLI 내용으로 넘어가겠습니다.

구매입찰 LE LLI 기준이 정해졌는지요?

최부장 제가 알기로는 지난번 스케줄 요구 사항에 20개월 이상은 LLI로 명시가 되어 있는 걸 봤는데 혹시 스케줄 검토를 완료하셨어요?

구매입찰 LE 보기는 했지만 별도로 LLI라고 표현되지는 않아서 단순히 기간 위주로 검토를 했습니다.

최부장 20개월 이상은 확인해서 표로 작성해서 제출 바랍니다. 그리고 구매 스케줄 단계에 대해서 확실히 검토 부탁합니다.

입찰구매 LE 네.

최부장 스케줄과 연관해서 Purchasing Plan 상에 언급한 MR[100] → RFQ[101] → TBE[102] → CBE[103] → PO[104] 단계에 따라 이번 프로젝트도

---

[100] **자재 요청서 MR**(Material Requisition): 주로 설계 부서에서 만들고 지정된 대로 재료 및 장비를 구매하기 위한 문서임.

[101] **견적 요청서 RFQ**(Request for Quotation): 구매 부서는 선정된 벤더에게 견적을 요청하는 단계.

[102] **기술 입찰 평가 TBE**(Technical Bid Evaluation): 공급자가 제출한 견적서를 기술적 면에서 평가하는 단계.

[103] **금액 입찰 평가 CBE**(Cost Bid Evaluation): 기술 평가가 끝나면 선택된 공급자에 한해 금액적 면에서 평가하는 단계.

[104] **구매 요청 PO**(Purchasing Order): 최종 선택된 공급자에게 구매 주문하는 단계.

모든 자료를 작성하시고 관련 정보는 스케줄팀으로 보내 주시기 바랍니다.

입찰구매 LE Tagged item은 기본 절차를 준수해서 관련 업무를 수행하겠습니다. 그러나 보통 Bulk item은 MR부터 CBE까지는 MTO[105]라는 용어를 사용하고 바로 PO 스케줄에 반영해 제출하려 합니다. 발주처 문서에서도 BULK item 관련해서 공식 구매 절차를 따른다는 조항이 없어서 최대한 절차를 간단하게 만들었습니다.

최부장 문서가 간단한 것도 좋지만 관리가 철저한 것도 중요합니다. 사실 Bulk는 대부분 System에서 자료를 출력하므로 우리가 검토하기는 힘든 부분도 있기 때문에 Bulk 설계 시 문제가 되지 않도록 최대한 검토가 필요해 보입니다.

9th week

입찰구매 LE 알겠습니다.

최부장 다음은 자재 관리 관련해서 입찰안내서 요청 사항을 확인하도록 하시지요? 저희 회사 자재관리 시스템에 대해서 잘 아시나요?

입찰구매 LE 네, 잘 알고 있습니다. 자재관리 시스템[106]은 저희 회사의 중요한 시스템이기도 합니다. 설계에서부터 구매 현장 시공까지 One Cycle로 자재 관리를 해주는 장점이 있습니다.

최부장 당 프로젝트도 자재 관리를 위해서 SPMat.(211쪽 참조)을 사용하면 어떻겠습니까?

입찰구매 LE 특별히 문제는 없습니다. 그러나 시스템 비용이 발생하기 때문에 금액이 일단 반영이 되어야 하고 각 부서별 업무 범위를 협의

---

[105] **MTO**(Material Take Off): 플랜트에서 중요자재를 제외한 자재에 대해서는 자재 구매 단계를 스케줄상에 간략하게 MTO로 표현함.
[106] **자재관리 시스템**(SPMaterial): InterGraph사에서 개발한 자재 관리 시스템.

해서 관련 프로그램을 사용하는 것으로 입찰서를 작성하겠습니다.

최부장 Warehouse Management Procedure 관련해서 저희가 표준으로 만들어 놓은 것이 있나요?

입찰구매 LE 네, 과거에 만들어 놓은 것은 있습니다.

최부장 그럼 동일하게 사용하는 데는 문제가 없나요?

입찰구매 LE 단순하게 Standard로 제출하기에는 부족함이 많이 있습니다. 발주처에서 요구하는 기준이 있기 때문에 관련 요청 사항을 수정해서 제출하면 될 것으로 생각이 됩니다.

최부장 그렇게 해 주세요. 그리고 다음 내용은 Export Control 관련 사항은 제가 다루어 본 사항이 아니네요.

입찰구매 LE 제가 다른 프로젝트를 수행하면서 비슷한 내용이 있어서 이해를 하는데요. 화학물질이나 특수한 장비의 수입과 수출에 대해서 미리 그 나라에 신고를 하는 제도인데 생각보다 해당되는 물품이 많아서 애를 먹은 적이 있었습니다.

최부장 네, 그럼 관련 사항을 정리해서 마무리 부탁드리겠습니다. 마지막으로 Domestic Content 등의 내용을 정리하면 될 듯합니다. 지난번에 보내 드린 SKK MIGAS 내용을 보셨나요?

입찰구매 LE 제가 인도네시아 프로젝트를 해 본 적이 없어서 이런 분야는 약간 생소합니다. 사실 수출입 관리까지 입찰 단계에서 제출하는 것은 너무 세부적인 것을 입찰서에 요청한다고 생각은 하지만 SKK MIGAS는 좀 더 확인을 해야 할 듯합니다.

최부장 SKK MIGAS는 B사의 도움을 받아서 업무를 수행하는 것이 좋을 듯합니다. Domestic Content를 규정하고 있다 보니 관련 규정을 심도 있게 정리를 해야 할 듯합니다.

입찰구매 LE 알겠습니다. 다음에 저희 부서가 현지 조사 시 필요한 내용을 B사와 협의하기 위해서 출장 상신을 할 예정입니다. 그때 B사에 들려서 관련 항목들은 정리하는 것으로 하겠습니다.

최부장 네, 알겠습니다. 특별히 오늘은 입찰 목록 관련해서만 미팅을 가졌는데 다음에는 MSR 관련 사항을 정리했으면 합니다. 바쁘시겠지만 관련 업무도 빨리 진행하여 주시기 바랍니다.

입찰구매 LE 네, 그럼 오늘 저희는 먼저 일어나겠습니다.

최부장 네. 다음에 뵙겠습니다.

최부장은 금일 협의한 내용을 작성해서 김대리에게 이메일로 보내고 현황 관리를 잘해 달라고 부탁하고 퇴근 준비를 한다.

최부장 지난번 확인 요청한 B사에서 진행하고 있는 BOQ 견적, 입찰 자재 견적 확인했어?

김대리 네, 관련 내용은 확인했습니다.

최부장 진행 상황에 대해서 표로 만든 것이 있으면 가지고 와 봐.

김대리 네.

최부장 진행이 너무 더딘 것 아냐? 견적 구매 관련해서 내일 미팅을 할 수 있는지 B사에 전화로 연락을 해보고 김대리가 확인한 내용도 첨부해서 보내주라고.

김대리 네, 알겠습니다.

· · ·

최부장 Hello, can you hear me?

B사 PM Hello. I am here.

최부장 Shall I start the meeting for the scope of the procurement services relating to the responsibility of both companies.

B사 PM Sure, please go ahead.

최부장 Our engineering team has already uploaded most of the Bill of Quantity called "BOQ" for the area of piping bulk, electrical cable and civil structure that you plan to purchase in your country. But we did not receive the quotations from you.

B사 PM Sorry for being late. I would briefly like to explain item by item about the progress for BOQ.

Now, we received only two Quotations for the 1st Piping BOQ. One is from local vendor and another is from the overseas vendor.

And no quotations for the Electrical BOQ are received until now. Finally, two quotations for BOQ of civil structure were received by local vendor and are under review, since they submitted the insufficient BOQ data.

최부장 Thank you for the information on your procurement progress. However, as you know well, it will take long time for Technical Bid Evaluation and Cost Bid Evaluation after receiving quotations from you.

B사 PM It is not easy to execute the material purchase without enough experience and time. Therefore, we would like you to help us make all of our purchasing activities.

최부장 Actually, we want to support you, but it is difficult to meet the ratio of high domestic content over 50 % without your help. I hope that you make more efforts for those works.

B사 PM That's all right. We will try to do. When do you expect your engineers to arrive here for supporting us?

최부장 I will let you know after discussing with our project members.

B사 PM Thanks.

최부장 Shall we go to next agenda?

B사 PM OK, go ahead.

최부장 Next agenda is about the existing sole-vendor in your country. Did you receive the negotiation prices of its Quotations?

B사 PM Our Manager met the Solo ITEM's Vendor last week. Our Manger reported to me "Vendor says that the price of Solo ITEMs cannot be slipped below the price already negotiated with our company".

최부장 I know that it is not easy to bring down the price. Please try to do one more time, even though they will not try to negotiate. I will ask the owner to change the vendor because of high price.

B사 PM Thanks, that's good idea. Next time I will definitely do

9th week

my best.

최부장 Thank you. I will finish this meeting now. Anything else?

B사 PM No. That's all.

Quick Tips!

구매 절차 시스템을 확립하자.

각 나라마다 AVL/AML을 입찰서에 제출하게 되어 있다. 그러나 이러한 문서를 만들 때마다 어려움을 겪을 때가 많이 있다. 대기업들은 이미 Vender 평가 시스템이 있는데도 이를 입찰에 이용하기는 어려운 실정이다. 이 시스템은 운용하는 부서에서 활용하고 연말에 재평가해서 Vender나 시공 업체를 관리하고 있다. 그러나 이것만으로는 부족해 보인다. 실질적인 입찰에서 중요한 것은 Vender의 제출 가격에 대한 경쟁력이 과거 History Data를 기준으로 관리가 필요하다. 그래야 입찰 가격 경쟁력을 가질 수 있기 때문이다. 물론 이러한 가격 평가를 다양하게 하지만 이미 AVL/AML을 관리하는 시스템이 있다면 유기적으로 입찰팀과 경쟁력 있는 Vender를 쉽게 검증하고 선택할 수 있도록 현실적인 도움에 대해서 생각을 해야 한다.

가격 협상 전략을 잘 세우자.

하나의 프로젝트를 수주한다는 것은 기술적인 우위만을 가지고는 어려운 것이 요즘의 EPC 현실이다. 그래서 입찰 시스템도 만들고 가격을 낮추기 위한 다양한 노력을 하지만 더욱 중요한 것은 회사의 협상 전략과 담당자의 협상 기술이 아닌가 생각해 본다. 회사는 좀 더 이러한 업무를 담당하고 있는 분야의 담당자들에게 자신감과 적절한 힘을 실어 줄 필요가 있다.

10th week

Chapter 6

시공 관리

10th week

Chapter 6 〈시공 관리〉 요약

입찰 목록

❶ 작업 설명서 Method Statement

❷ 작업 허가 절차서 Work Permit[107] Procedure

❸ 시공성 검토 Constructability Study

❹ 시공 계획 Construction Plan

❺ 인간 공학 설계 Human Factor[108] Engineering

❻ 임시 설비 및 숙소 Temporary Facilities[109] and Camp[110]

요구 사항

- 많은 작업 설명서 제출 요구
- 발주처 기존 현장 작업 시 까다로운 허가 절차
- 발주처가 제공한 3D Model 자료 분석 후 시공성 검토 자료 제출
- 인간 공학적 설계 반영 요구
- 발주처가 요구한 숙소 규격이 있음

---

[107] **Work Permit**: 발주처 현장 작업은 반드시 발주처로부터 허가서를 받은 후 작업이 가능
[108] **Human Factor**: Ergonomics Engineering이라고도 하며 인체 공학적 설계를 반영하는 것을 말함
[109] **Temporary Facility**: 현장에서 잠시 사용할 임시 설비
[110] **Camp**: 현장 임시 숙소

최부장은 인도네시아 입찰 설명회 참석 결과를 전달하기 위해서 미팅을 소집한다.

최부장 안녕하세요? 입찰 설명회 참석한 내용에 대해서 공유하고자 미팅을 마련했습니다. 혹시 발표하는 중간에 의문이 있거나 좀 더 자세한 설명을 원하시는 분은 언제든지 말씀하여 주시기 바랍니다. 그리고 미팅 Material은 모두 영어로 배포되었기 때문에 내용을 이해하는 데는 특별히 문제가 없었던 것으로 생각이 됩니다. 우선 오전에 진행한 Panel 1 내용부터 설명을 드리겠습니다.

PT 2 page를 보시면 HSSE Executive Statement에 대한 내용으로 안전 담당자가 발주처의 안전에 대한 방침과 기본적으로 플랜트 안에서 지켜야 할 의무 사항을 잘 설명을 해 주었습니다. 그리고 다음 내용은 구매 파트에서는 PTK 007 최근 내용을 설명해 주었습니다. Domestic Content 관련해서 Foreign Companies는 외국인 작업자를 45% 이상 고용하면 안 되고 Domestic Companies는 최소 40% 이상 고용을 해야 합니다. 그리고 Domestic에서 생산한 물건을 50% 이상 구매 규정을 반드시 지켜야 한다는 내용이 있었습니다. 그리고 플랜트 건설 지역의 인원을 최대한 많이 고용해야 한다는 조건이 있었습니다.

시공 LE 부장님, 현지 지방에서 거주하는 전체 인원을 알 수 있을까요?

최부장 규모가 작은 소도시로 알고 있습니다. 100만 명 미만으로 알고 있는데요.

시공 LE 100만 중 과연 건설 현장에서 일을 할 수 있는 인원을 몇 명이나 찾을 수 있을까요? 사실 특수한 경우의 작업 인원은 현지 지역에서는 찾기 매우 힘듭니다. 별도 현지 인원 공급하는 용역 업체와 계약을 하지 않는 한 저희가 현지에서 인원을 뽑아서 쓰는 것은 정말 어렵습니다. 이 같은 사항을 고려하여 계획을 수립하여 주시기 바랍니다.

최부장 알겠습니다. 특별한 사항이 없으면 TQ 관련 사항으로 넘어가겠습니다. 지금까지 LE 분들께서 필요한 사항을 계속 TQ로 발주처에 요청을 하고 계시는데 이미 전달한 사항에 대해서 재차 요구를 하는 경우가 많다고 합니다. 꼭 보내준 내용을 확인하고 보내라고 알려 주었습니다. 지금까지 Appendix 20번이 나갔으니 참고하라고 했습니다.

입찰구매 LE 혹시 TQ Deadline은 없었나요?

최부장 Deadline은 입찰 완료 한 달 전까지만 답변을 한다고 했습니다. 참고해서 업무 수행하여 주시기 바랍니다. 그리고 설계 범위로 넘어가겠습니다. 현재까지 발주처에 입찰에 필요한 사항을 모두 송부했다고 합니다. 더 이상 관련 문서를 요청하지 말라고 하는데 혹시 저희가 요청한 내용 중 못 받은 내용이 있으시면 알려 주시기 바랍니다.

설계 LE 저희가 요청한 내용 중 아직도 원본 파일을 못 받은 내용이 많은데 이것도 받을 수 없는 건가요?

최부장 아마도 원본 파일은 현재까지 제공한 내용 외에는 더 이상 발주처로부터 받기 힘들 듯합니다. 저희가 필요하면 직접 그려야 할 듯합니다. 다음은 스케줄로 넘어가겠습니다. 사실 스케줄 관련해서는 스케줄 LE가 발주처 미팅에 참석을 했기 때문에 관련 내용을 발표해 주시겠습니다.

스케줄 LE 스케줄 관련 사항을 알려 드리겠습니다. 입찰서에 포함된

Overall Schedule을 엄수해 줄 것을 요청을 했고 스케줄 Guideline에 관련된 사항은 잘 설명을 해 주었습니다. 그런데 선진사 스케줄 Manager로 보이는 분이 열변을 토하면서 말을 하시는 내용이 와 닿았습니다. 잘 아시겠지만 저희 스케줄의 전체 공기가 36개월인데 전기를 공급하는 시점이 18개월부터입니다. 18개월째 전기를 공급한다는 것은 Substation이 완료가 되어야 하고 관련 설비들도 완료를 해야 합니다. Substation 설계 기간 8개월, 시공 기간 10개월로 생각을 하고 일단은 필요한 Substation을 완료하는 Base로 저희는 공사 스케줄을 잡았지만 현실적으로 정말 문제가 있는 스케줄입니다. 건물 시공도 시공이지만 Substation에 들어가는 주요 전기 기자재를 제작하고 설치하는 기간이 설계가 완료되고 10개월 안에 한다는 것이 무리가 많이 있다는 것은 누구나 아는 상황에서 저희는 스케줄을 만들고 있었는데 갑자기 선진사 스케줄 Manager가 일어나서 스케줄에 대해서 항의를 했습니다. 맞출 수 없는 스케줄이라는 겁니다. 그리고 일반적으로 통용되는 스케줄도 아니라고 열변을 토하는 바람에 약간의 혼란이 왔습니다. 선진사 스케줄 Manager는 왜 할 수 없는 내용을 말하지 않느냐고도 했지만 뭐 대부분 조용히 듣고만 있었습니다. 하여튼 저도 그분 의견에 동의는 하지만 발주처 요청사항에 대해서 못한다고 하면 대부분 DQ 당하는 경우가 많아서 다른 방법으로 해결을 하려고들 하지요. 물론 저희도 이러한 문제를 알기 때문에 적절하게 필요한 사항에 대해서 스케줄 Basis를 제출할 예정입니다.

시운전 LE   저희 스케줄을 보면 시운전 관련 사항이 너무 뒤쪽으로 가 있는데 3개월 앞으로 당겨야 할 듯합니다. 말씀하신 바와 같이

Substation을 발주처가 빨리 짓는 이유는 시운전을 앞당기기 위함입니다.

스케줄 LE 알겠습니다. 금일 미팅 끝나고 논의했으면 합니다.

토목 LE 저희가 이번 프로젝트는 대부분 Pile을 많이 박는데 건물도 Pile 시공이 있는 것으로 알고 있습니다. 보통은 설계가 끝 난 후 5개월부터 시공한다고 볼 때 8월 전까지 끝내는 것은 힘듭니다. 통상적인 방법으로는 불가능한 것으로 알고 있는데 이에 대해서 방법이 있나요?

최부장 맞는 말입니다. 입찰 기간 동안에 건물 관련해서는 필요한 Loading 정보를 미리 Vender로부터 접수하고 관련 내용을 가지고 설계를 하지 않으면 시기를 맞추기 힘들어 보입니다. 토목 LE께서 수행 자료를 가지고 할 수 없으니 입찰 시 관련 자료를 벤더로부터 충분히 확보해서 관련 업무 진행 부탁합니다.

토목 LE 고려하겠습니다.

최부장 마지막 Session으로는 발주처에게 사용하는 Risk Template 관련해서 저희에게 설명을 해 주었는데 리스크 LE가 확인 후 관련 내용을 확인 바랍니다.

리스크 LE 네.

최부장 오후 Panel 2는 시공에 관련된 사항을 발주처가 발표를 했습니다. 첫 번째로는 location of Temporary Facilities에 대한 사항으로 모든 물건의 loss 및 Damage 사항은 입찰자가 책임을 져야 한다고 했습니다. 아마도 HSE 요구 사항에 보면 Security 관련해서 우리가 필요한 조치를 철저히 취할 수 있도록 외주 용역을 사용해서 24시간 근무를 하게 되어 있습니다. 안전 LE는 확인하시고 조치를 부탁드립니다.

안전 LE 네, 관련 내용은 B사가 진행하는 것으로 알고 있습니다.

최부장 두 번째는 이미 시공에서 관련 해법을 찾기 위해서 B사가 노력을 하는 것으로 알고 있습니다. 이번 미팅에서 B사 PM과 시공 Manager가 참석을 했고 관련 내용을 저희 시공팀에게도 전달하라고 요청을 했습니다. 저희 시공팀도 관련 사항에 대해서 B사와 협의하여 주시기 부탁합니다.

시공 LE 네.

최부장 시공에서 발표한 내용을 참고로 몇 가지만 알려드리겠습니다. Scaffolding 관련해서는 반드시 자격을 소지한 사람을 채용해서 하게 되어 있습니다. 시공 시작하기 전에 현장으로 통할 임시 도로를 잘 보수해서 사용하라는 내용인데 이 부분에 대해서는 B사에게 관련 전략을 요청했습니다. 일반 도로를 저희가 점령하고 계속 사용하면 민원이 많이 발생이 예상되어서 필요하면 우회 도로를 임시로 사용할 수 있도록 최소 비용으로 건설하는 방법을 찾고 있을 겁니다.

시공 LE 추가 돈에 대해서는 특별히 문제가 없나요?

최부장 비용이 너무 높으면 하기 어렵기 때문에 기존 도로를 잘 보수를 해서 쓰는 2가지 조건을 검토해서 효과적인 방법을 택해야 할 것입니다.

시공 LE 네, 알겠습니다.

최부장 기계는 특별하게 요청한 사항은 규정된 내용에 따라서 작업허가서를 발행하고 발주처가 제공한 Job Specification에 따른 시공을 부탁했습니다.

기계 LE 네, 감사합니다.

최부장 전기는 저희 범위에 대해서 명확히 해 준 도면을 제공했으니 참고하시기 바랍니다. 그리고 수전을 위해서 발주처가 제공한 Root 에 따라서 케이블을 설치하는 것은 저희 범위입니다. 특히 입찰서 에 없는 내용으로 수전을 위해서 BL[111]를 벗어나는 전선 설치 구간 도 저희 범위에 들어와 있으니 착오없이 관련 금액을 반영하여 주 시기 바랍니다.

전지 LE 네.

최부장 마지막으로 제가 하나만 더 알려드리고 마치도록 하겠습니다. 공사에 대에서 전체적으로 규정은 까다롭다고 합니다. 그리고 특히 살아있는 전선이나 위험이 예상되는 작업이나 복합적으로 일어나 는 공정에 대해서는 작업을 하기 전 발주처 허가를 받는 것은 당연 하고 SIMOP[112]을 허가받아야만 할 수 있다고 합니다. 관련 내용을 숙지하시고 차후 현장에서 작업을 할 때 발주처와 불미스러운 일이 없으면 합니다.

시공 PM 이번 공사도 시공을 위한 절차가 정말 까다롭네요. 사실 시공 은 절차가 까다롭고 제출하는 문서가 많으면 절대 공기를 지킨다는 것은 더욱 힘들어집니다. 이러한 내용을 반영해서 충분히 시공인력 을 투입해야 할 듯합니다.

최부장 네, 그렇게 하시죠. 특히 B사도 이러한 내용을 인지하고 있으니 관련 사항을 잘 협의하여 처리하면 좋을 듯합니다.

---

[111] **BL**(Battery Limit): 공사 구역의 한계선.

[112] **SIMOP**(Simultaneous Plan): 공사가 동시에 이루어지는 구간에 한해서 계획을 세우고 경 우에 따라서는 발주처 허가를 받아야 함.

최부장 Chaper 6 시공 관리 미팅 사항 준비되었나? 조과장 시공 담당자 및 기타 필요한 엔지니어와 미팅 일정 잡고 스케줄 점검 부탁해.

조과장 네, 부장님.

조과장 시공 미팅 관련해서 화요일 미팅을 확정했습니다. 참석자는 시공 인원 5명입니다.

최부장 금일 미팅에 참석해 주셔서 감사합니다. 이번에는 특별히 발주처에 제출할 시공 관련 문서 중에 작업 기술서[113]가 많아서 걱정이 되는군요 특히 전문적인 내용을 입찰 기간 동안 제출하기에는 무리가 있어 보이는데 스케줄 내에 제출 가능하신지요?

시공 LE 저희가 제출할 사항에 대해서는 많지 않습니다. 대부분 B사 범위로 변경된 것으로 알고 있습니다.

최부장 죄송합니다. 제가 변경된 범위에 대해서 잠시 혼동했습니다. 양해 바랍니다.

시공 LE 그럴 수 있습니다.

최부장 저희 시공팀에서 작성 중인 자료 중에서 시공성 검토와 인간 공학 설계를 준비하는 것으로 기억이 나는데 사실 제가 시공을 잘 알지 못해서 확인하는 건데 저희가 받은 입찰 설계서에 인간 공학 설계 부분이 반영되어 있나요?

시공 LE 도면에는 그러한 내용은 반영되어 있지 않고 별도 인간 공학 설계 연구라는 설명서를 보면 인간 공학 부분에 대해서 분야별로 많은 내용이 있습니다.

---

[113] **작업 기술서**(Method Statement): 단위별 시공을 위해서 상세하게 설명한 내용이 기술된 작업 설명서.

특히 토목 분야 외 빌딩 안에 들어가는 인테리어 분야에 대해서 인간 공학 설계를 정말 많이 반영을 해야 하는 것으로 알고 있습니다. 당연히 시공 단가에 상당히 부담이 될 것입니다.

최부장 혹시 예를 들어 주실 수 있나요?

시공 LE 토목 관련해서는 배관 위에 안전하게 지나다니는 Flat Form을 설치할 때 시공상 편의를 위해서 모서리를 둥글게 하지는 않지만 이 프로젝트는 모든 모서리를 둥글게(Round) 시공하게 되어서 자재를 별도로 주문 제작해야 하는 상황입니다. 또한 생활관을 설계 시에는 공장 건물이라기 보다는 호텔 수준의 인테리어를 요구하고 있기 때문에 가구나 관련 자재비가 일반 공장 생활관을 지을 때보다 약 2배 이상 들어가는 것으로 알고 있습니다.

최부장 사실 저도 인간 공학적 설계를 중동에서 적용하는 것을 보았지만 정말 까다로운 절차에 의해서 설계 디자인이 결정되는 것을 본 적이 있습니다. 2주일에 한 번은 인체 공학적 디자인에 대해서 교육도 이수를 해야 하는 것으로 아는데 그때는 건물 안에 있는 책상, 가구, 문 등 소소한 것들이라 금액적으로 큰 부담은 없었는데 저희 프로젝트는 금액적으로 상당한 영향이 있을 것 같으며 관련해서 특별한 조치가 필요해 보이네요.

시공 LE 네.

최부장 시공성 스터디 내용을 제출하게 되어 있는데 혹시 관련 부분에 대해서는 어떻게 진행 중인지요?

시공 LE 시공성 스터디는 광범위하게 플랜트 전 분야를 확인하기도 하지만 입찰 시는 중요한 기계에 대해서만 Vender가 제출한 자료를 기본으로 Simulation Program을 이용해서 간단하게 몇 가지 예를 만들어서 첨부할 예정입니다. 현실 적으로 이러한 작업은 외주가 필요한 분야이기도 하고요.

최부장 임시 숙소 관련해서 저희가 B사에 인원 정보를 넘겨 줘야 되는 것으로 알고 있는데 혹시 관련 자료는 B사에 모두 넘겨 주셨나요?

시공 LE 아직 인원 관련해서 동원 계획이 취합되지 않았습니다. 최대한 준비되는 대로 관련 정보는 넘겨 주도록 하겠습니다.

최부장 제가 듣기로는 B사가 시공 범위를 모두 맡기는 했지만 경험이 많이 없어 걱정되니 관련 부분에 대해서 우리 시공팀이 확인해 주기를 부탁합니다.

시공 LE 저희도 기한을 최대한 맞추려고 노력 중이지만 이미 아시는 바와 같이 현장에서 조사할 내용도 많고 직접 작성해야 할 내용이 많아서 우려가 됩니다.

최부장 저희 PM팀 또한 시공 업무에 대해서 적극 협조할 예정이니 시공팀도 힘드시겠지만 좋은 성과품을 위해서 노력을 해 주셨으면 합니다.

시공 LE 좀 더 빠른 작성을 위해서 기존에 작성한 LL(Lessons Learned) 자료나 현장에서 수집한 시공 자료를 주시면 도움이 될 것입니다.

최부장 네, LL은 제가 알기로 기존 프로젝트 자료가 여러 개 있으니 미팅 후 송부하여 드리고 현장에서 확인한 정보도 미팅 후에 확인하여 보내드리겠습니다.

시공 LE 협조 감사합니다.

최부장 첫 번째 이정표[114] 관련은 스케줄팀의 자료를 확인 후 수정 부

---

[114] 이정표(Milestone): 스케줄에서 중요한 사항을 표시할 때 다이아몬드, 깃발 등 상징적인 모양을 사용함.

탁합니다.

시공팀 언제쯤 시공 스케줄을 받을 수 있나요?

김대리 공정 관리팀에서 이번 달 말에는 자료를 넘겨주기로 했습니다.

시공 LE 네, 그럼 받은 후 1주일 안에 검토는 가능합니다.

최부장 시공 조직은 언제쯤 제출하실 건가요?

시공 LE B사에 확인 후 알려드리겠습니다. 대부분 B사에서 작성할 예정입니다.

최부장 금주 목요일 오전에 B사와 화상 미팅 한 번 하시면 어떨까요?

시공 LE 보통 원격화상회의로 하지 않나요?

최부장 시공은 사람도 많고 해서 B사 관련 분들과 이번 기회를 통해서 모두 인사를 나누려고 합니다.

시공 LE 그렇게 하시죠. 그럼 처음부터 다시 Chapter 6를 B사와 함께 검토하는 것으로 하시죠.

최부장 네, 그렇게 하는 것으로 하겠습니다.

시공 미팅을 위해서 화상 회의가 가능한 미팅룸을 예약 후 모든 분들에게 통보를 한다.

최부장 Everybody Hello.

B사 PM Good afternoon! Mr. Choi.

최부장 Please introduce yourselves to one another.

시공 LE Nice to meet you. My name is David Kim. I am a lead engineer of the construction team for this Project.

배관시공 LE I'm David Bae, lead engineer of the Piping

Construction at Company in Seoul. Thanks.

B사 CM Happy to meet you. I am working for B Company as a Construction Manager.

B사 PICM I'm honored to meet you. I am a piping engineer for this project. Thanks.

최부장 Let's start the meeting for discussing about the Proposal Index of the Construction Area. According to the ITB requirements, we have to submit lots of documents for construction. 1st Issues are the areas of Method Statements such as Dewatering procedure, Column Installation, Tank Installation and Equipment Installation.

B사 CM For the Civil, we will finish the work, but for the Plant we are trying to make Method Statements. So we need more time.

최부장 If you need the reference materials for that, please feel free to request the materials to our Construction manager.

시공 LE As suggested by our PM for the Material of Method Statement, please send us the list needed for that. I am willing to provide that.

B사 CM Thanks for your support.

최부장 Good, let's go ahead to next index, Work Permit Procedure. Could you tell me what schedule you have for Work Permit Procedure?

B사 CM I am sorry for that. After discussing first with our engineer, I will tell you. Please wait 5 minutes.

B사 CM By next week, we will provide the Work Permit Procedure.

최부장 Once you upload, we will review and reply within one week. Let's move to the next.

I know that Constructibility Study is actually not easy for you to handle without plant construction experiences. Therefore, we will spend our time for reviewing this area specifically. Next week we will upload it. After that, you can reflect on Construction cost.

B사 CM Ok, we will do that.

최부장 Finally, Temporary Facilities and Camp Design is not completed yet because of nonconformity in size between your Company Standard and our Company Standard. My understanding is right?

B사 CM I knew but we already concluded to follow your standard. If we finish the mobilization plan for construction between your side and our side, Camp drawing also will be completed.

최부장 Thank you for your decision. I hope that all issues here will be completed by next meeting. If there are no questions, I want to finish this meeting now.

B사 CM Just a second, who's writing the MOM today?

최부장 We will send you a draft reflecting your comments.

Please, return us the revised one quickly. And then I will send the finalized MOM to you again after signing. Please give us the email you signed.

최부장은 다시 자리에 돌아와서 업무를 점검한다.

김대리 부장님, 리스크팀 LE가 웹 디스크에 등록한 Risk Management Procedure에 대해서 궁금한 내용이 있습니다.

최부장 그래, 잠깐 앉지.

김대리 제가 궁금한 내용은 입찰 요구서에 포함된 Risk Management Procedure가 참 상세하게 잘 되어 있습니다. 그런데 리스크팀에서 작성한 자료가 내용도 빈약하고 왠지 입찰 서류보다 못해 보이는 데 이거 다시 작성하라고 시켜야 하는 거 아닌가요?

10th week

최부장 그래! 특히 어떤 내용이 그렇지?

김대리 리스크팀에서 제출한 Risk Scoring, Risk Assessment 부분이 단지 Sample Table을 넣었습니다. 그런데 입찰 요구 사항을 보면 이러한 수치들이 기본적으로 확정적으로 반영이 되어 있습니다. 저희도 이러한 요구 사항에 맞추어 문서를 작성해야 하는 거 아닌가요?

최부장 당연히 그렇게 하는 것이 좋지. 김대리가 관련 부분에 대해서 리스크팀 LE와 협의해서 처리해.

김대리 알겠습니다.

김대리는 리스크팀에 리스크 제출 입찰 문서 수정을 요청하는 이메일을 보낸다. 그리고 특별히 문제가 없다는 답신을 받는다. 김대리는 부서장 포함해서 다시 리스크 입찰 제출 문서 관련 공식 미팅 요청을 한다.

김대리 안녕하세요? 금일 미팅에 참석해 주셔서 감사합니다. 아시겠지만 이번 프로젝트는 리스크 관련 사항에 대해서 입찰 문서에 정말 자세하게 설명되어 있고 심지어는 발주처가 별도로 리스크 시스템을 잘 활용하는 것으로 보입니다. 그래서 저희도 입찰 단계부터 발주처 요구 사항을 확실히 이해하고 작성하면 수행 단계는 좀 더 수월할 것으로 예상이 됩니다.

리스크팀 LE 입찰 단계이니 저희가 통상 제출하는 것으로 하는 것이 좋을 듯한데요.

김대리 이미 발주처가 요구한 사항이 있는데 그런 내용을 무시하고 저희 마음대로 모든 문서를 제출한다면 말이 안 되는 것 아닌가요?

리스크팀 LE 모르겠는데요.

김대리 그리고 Risk Register 관련해서도 입찰 단계에서 필요한 내용을 작성하도록 되어 있는데 Sample만 첨부한 것으로 알고 있는데 다시 저희 프로젝트에 맞는 내용으로 작성 부탁드립니다.

리스크팀 부서장 그건 그렇게 하도록 하는 것이 좋을 듯한데.

리스크팀 LE 네.

리스크팀 LE는 아직도 Risk Management Procedure 내용이 단지 Guideline 형식으로 작성되었다는 것을 이해 못 하고 투덜거리면서 자리에 간다.

김대리 부장님, 금일 미팅에서 Risk Management Procedure 내용

은 발주처 요구 사항을 상세히 반영하여 작성해야 한다고 보는데 참 답답하네요.

최부장 시간 없으니까 일단 다른 업무부터 하고 Risk Register나 잘 챙겨.

김대리 네.

Quick Tips!

시공 인원 관리 전략을 잘 세우자.

한국에서 시공을 한다는 것은 해외 현장에서 시공하는 것과 비교를 하면 땅 짚고 헤엄을 친다고 해도 과언이 아닐 정도로 해외 현장에서 시공은 쉬운 일이 아니다. 한국에서는 하도급 업체에게 맡기고 단지 시공 계획 대비 실적에 맞추어 적절한 기성만 잘 지급해 줘도 공사 관리가 된다. 그러나 해외에서도 한국에서 관리하듯이 하면 재앙이 될 확률이 높다.

공사를 할 때 싼 인건비보다 더욱 중요한 것은 숙련된 기술자일 것이다. 당연히 숙련된 기술자를 싼 임금으로 고용을 할 수 있다면 이보다 좋은 환경은 없다.

첫 번째로 어려운 점은 언어 장벽이다. 협력 업체는 대부분 현지 업체인 경우가 많고 가격 경쟁력 있는 업체를 쓰기 위해서 중국이나 인도 업체를 협력 업체로 계약을 하기도 한다. 이러한 작업자들에게 대부분 작업 지시는 영어로 할 것이다. 사실은 한국어로 설명을 해도 어려울 때가 많은데 영어로 모두 이해시키고 적절한 생산성을 기대한다는 것은 쉬운 일이 아니다. 이러한 문제를 해결하는 방법은 적절하게 관리자를 배치하여 업무를 수행하는 것이 좋지만 처음부터 금액을 아끼려고 현실을 외면한 인원 동원 계획은 엄청난 실패로 이어질 수 있다는 것을 알아야 한다. 다른 해결 전략 중에 하나는 좀 더 철저하게 원칙에 따른 품질 관리를 수행하는 것은 공사의 실수를 미연에 방지를 할 수 있는 좋은 대비책이다.

두 번째로 각 나라의 문화의 차이를 이해할 필요가 있다. 한국 문화는 빨리 빨리라는 특성이 있지만 각 나라마다 특성에 맞게 인원을 관리하는 방법을 달리하는 것이 좋다.

확실한 공정 관리는 시공 스케줄을 준수할 수 있다.

Schedule 관리를 지금도 시스템에서 나오는 공정 계획과 현장 소장의 머리에서 나오는 공정 계획이 다르다면 후진적인 관리를 하고 있는 것이다. 스케줄 관리자가 만든 시공 공정 계획서는 철저한 분석 하에 모든 관리자가 지켜야 할 중요한 현장 관리 지표임을 잊지 말자.

11th week

Chapter 7

시운전 관리

11th week

Chapter 7 〈시운전 관리〉 요약

입찰 목록

❶ 운영 관리 Operation Management

❷ CMMS[115] & 스페어 파트 CMMS & Spare Part

❸ 시스템 완료 계획 System Completion Plan

요구 사항

- 전기 Main Substation은 공사 기간 18개월
- CMMS 시스템 구축
- 스페어 파트 구매 대행

---

[115] **CMMS**(Computerized Maintenance Management System): 설비 보전 시스템으로 시스템은 다양한 설비의 정보를 보유하고 있으며 Spare Part 관리 기능도 있음.

최부장 김대리, Chapter 7은 무슨 내용이었지?

김대리 Operation Management 내용입니다. 제가 지금까지 접하지 못했던 내용이 정말 많이 있어서 약간 당황스러웠습니다.

최부장 그래? 그럼 내일 조과장과 함께 내용 검토하는 것으로 하지.

• • •

최부장 Chapter 7에 들어갈 내용은 확인해 봤나?

조과장 네, 확인했습니다. 제가 경험이 있는 분야인 CMMS & Spare Part 관련해서는 제가 5년 전에 직접 수행한 경험이 있습니다. 그리고 나머지 부분은 시운전팀이 모두 해야 할 듯합니다.

최부장 그럼, 조과장이 시운전팀이랑 잘 협의해서 직접 Chapter 7의 미팅부터 모든 내용을 처리하고 완료되면 나에게 보고만 해 줘. 사실 요즘 부서들이 보내주는 물량이나 기자재 관련 점검 등 일이 너무 많아서 도저히 Technical까지 못 챙기겠네. 잘 해봐!

조과장 네, 알겠습니다.

조과장은 시운전팀에게 Chapter 7 관련 진행 사항을 시운전 LE에게 확인을 하기 위해 전화를 한다. 시운전 LE는 시운전 관련해서 Draft 내용은 완료가 되었으나 CMMS & Spare Part 관련해서는 자기는 경험도 없고 시운전팀도 이런 분야를 다룬 적이 없어서 난감하다고 했다. 그럼 우선적으로 완료된 내용을 웹 디스크에 올려달라고 요청을 하고 미팅 일정을 잡았다.

시운전 LE 안녕하세요. 조과장님 처음 뵙겠습니다.

조과장 안녕하세요. 저도 처음 뵙겠습니다. 참 이상하네요. 저는 정말 많은 부서와 일을 하는데 왜 제가 시운전 LE님을 모르는 거죠?

11th week

시운전 LE 제가 경력으로 입사한 지 몇 년 되었는데 시운전 업무상 현장으로만 다니다 보니까 뵙기가 힘들었던 것 같습니다.

조과장 힘드셨겠네요.

시운전 LE 제가 Upload 한 내용은 보셨는지요?

조과장 네, 보기는 했지만 시운전 관련 내용이 요구 사항과 맞지 않는 내용이 많아서 사실 당황스러웠습니다.

시운전 LE 어떤 점을 말씀하시는 건지요?

조과장 입찰 요구사항에 포함된 시운전 절차서는 확인하셨나요?

시운전 LE 네.

조과장 발주처가 제공한 시운전 절차서는 자세하게 나와 있는데 작성한 내용은 너무 간단하게 도표 몇 장으로 되어 있어서 입찰 내용을 모두 Cover할 수 있는 건가요?

시운전 LE 저는 그렇게 생각을 하고 작성했습니다.

조과장 저희 회사가 5년 전에 유사한 내용으로 입찰을 한 교훈 자료를 보시면 제가 왜 이러한 말을 하는지 이해하실 수 있을 겁니다.

시운전 LE 네, 자료 부탁드리겠습니다.

조과장 관련 내용은 제가 송부한 내용을 토대로 다시 작성하여 주시면 다음 주에 다시 미팅을 진행하는 것으로 하겠습니다.

시운전 LE 전화로 말씀드린 내용 중에서 CMMS & Spare Part 관련해서는 제가 아는 바가 없고 부서에서도 실상은 우리 업무 영역이 아니어서 제외해 주셨으면 합니다.

조과장 제가 알기로는 관련 내용도 시운전 분야로 회사 업무 매뉴얼에 나와 있는 것으로 알고 있습니다.

시운전 LE 제가 볼 수 있을까요?

조과장 네, 잠시만요. Internet에 있는 문서를 열어서 보여드리겠습니다.

시운전 LE 다들 아니라고 하던데. 유사한 내용이 있기는 하네요. 조과장님께서 경험이 많으시나 봐요.

조과장 사실 이번 프로젝트는 발주처에서 요구하는 어려운 내용이 많아서 걱정되는 사항이 많이 있습니다. CMMS 내용은 정말 입찰 단계에서부터 신경을 써서 정리하지 않으면 수행 시에 정말 고생을 많이 하더라고요.

시운전 LE 조과장님께서 CMMS 분야를 다루어 본 적이 있나요?

조과장 네. 제가 5년 전에 직접 프로젝트를 수행한 경험이 있기는 합니다. 정말 말하기 힘들 정도로 고생을 했던 것 같아요. 미리 조금만 알고 했더라도 계란으로 바위 치기 식 업무는 하지 않았을 텐데. 그 당시에는 모르고 했던 것 같아요.

시운전 LE 하하. 그런 일이 있으셨군요.

조과장 제가 수행했던 내용을 정리해서 보내드릴 테니 관련 내용을 참조해서 작성하시면 업무가 좀 더 쉽게 해결될 것입니다.

시운전 LE 정말 감사합니다. 혹시 지금 자료를 설명해 주실 수 있나요?

조과장 네, 제가 이해를 돕기 위해서 10분가량 문서를 설명해 드리겠습니다. 한 번만 듣고 나면 그렇게 어렵지는 않을 겁니다.

시운전 LE 정말 방대해 보이는데 이 모든 내용을 과장님께서 하신 건가요?

조과장 전 CMMS PM 역할을 했을 뿐 실무적인 부분은 담당자들이 많이 했습니다. 그럼 10분 정도만 CMMS가 뭔지? 어떻게 구축을 할 것인지? 어디에 사용하는지 등을 기준으로 말씀드리겠습니다. 우선 공장의 중요한 기기, 계장의 중요 Valve 관리, 공장의 안전 등을 책임지는 시스템 중에서 가장 중요한 분산형 제어시스템[116]은 대부분 화학 플랜트 계장팀이 관리하는 장치이고 두뇌 역할을 한다고 하면 설명이 될지는 모르겠네요. 그리고 이러한 시스템 내부에는 주요 기기를 관리할 수 있는 별도의 AMS(Asset Management System)이 내장되어 있습니다. 물론 없는 경우도 있었습니다. 과거에 DCS 장비는 AMS와 연동되어 공장의 중요 기계 관리 및 안전 관리 등의 역할을 했던 것으로 기억을 하는데 사실 이런 내용은 저보다 더 잘 알 수도 있겠네요.

요즘에는 CMMS 시스템이 DCS와 연동되어 안전 관리도 하고 또 다양한 기능을 수행하기도 합니다. 그래서 CMMS는 중요한 공정(Process) 데이터도 입력할 수 있는 속성이 있고 필요에 따라서는 RBI 등도 CMMS와 연동해서 사용하기도 하고요. 이러한 CMMS는 예를 들면 기계의 온도, 압력, 전기 Voltage 등 중요 속성값을 가지고 있기도 합니다. 어떤 발주처는 Bulk Material까지 포함해서 관리할 수 있도록 하는 경우도 있습니다.

과거에는 공장에서 Operator가 직접 이러한 모든 일들을 관리했지만 인건비를 줄이고 생산을 극대화할 수 있는 방법으로 고장률을 줄이기 위해서 대부분 CMMS 도입을 했습니다. 그런데 언제부터인가 발주처가 CMMS를 구축하는 업무를 EPC 계약자[117]에게 넘기기 시작하더라고요. 초기에는 이러한 내용이 뭔지 잘 모르고 수행하면

---

[116] **분산형 제어시스템**(DCS, Distributed Control System): 플랜트에서 두뇌와 같은 역할을 하며 플랜트 감시 및 플랜트 제어에 사용함.
[117] **계약자**(Contractor): 설계 구매 시공 계약 회사. 입찰 수행 기간 동안은 입찰자(Bidder)와 동일한 의미로 사용.

서 정말 어려움이 있었지만, 지금은 대부분 CMMS가 EPC 수행사에 포함되어서 나오니까 점점 당연시되고 있는 것이 현실입니다.

시운전 LE 저도 공장에서 근무한 적이 있는데 그때는 사실 편하다는 생각만으로 사용했을 뿐 시스템 자체에 관해서는 관심을 못 가진 것이 약간 후회스럽네요.

조과상 기본적으로 시스템을 잘 구축하기 위해서는 많은 Vender가 제공하는 Data를 정리해서 CMMS에 입력을 잘해야 합니다. 그런 종류의 Data를 잘 아시겠지만 CMMS에서 구축하는 한 분야가 Specification Data를 구축하는 겁니다. 이러한 Data는 입찰 단계에서도 입찰구매팀이 요구하면 받을 수 있는 경우가 많이 있습니다. 제가 들은 바에 의하면 선진사들은 입찰 단계에서부터 필요한 자료를 요청한다고 들었어요. 그러면 수행 단계에서는 효율적으로 Data를 시스템에 구축하는데 신경을 쓸 수 있는 거지요. 이번 입찰에서는 기간도 짧고 또한 이러한 인식이 되어있지 않아서 거기까지는 할 수 없습니다. 그러나 수행에서 필요한 내용은 가능하면 입찰 시 절차를 잘 만들어놓는 것이 좋을 겁니다.

그리고 CMMS 초기에 들어가는 자료는 Location 관련 자료를 1차로 입력합니다. Location에서 요구하는 속성은 발주처 Location Template를 보시고 확인을 하시기 바랍니다. 이러한 자료가 모두 입력되면 Asset 정보를 모두 입력합니다. Asset이라는 것은 우리가 도면에 중요하게 표시된 정보라고 생각을 하시면 됩니다. 기계의 Tag 번호, Tag 이름, Criticality, Vender 이름, Model 이름, 중요 도면 등 많은 정보를 입력해야 합니다. 이러한 내용이 들어가는 이유는 차후 어떤 장치에 고장이나 문제점이 있다면 그 장치를 누구에게 구매했는지 파악할 수 있고 바로 동일한 장치를 구매하기도 쉽고 혹시 부품이 단종되더라도 관련 자료가 있으면 문제가 발생했을 때 공장 Operator들이 대처하기 쉽기 때문입니다.

Asset 정보가 모두 CMMS에 입력이 되면 마지막 단계로 Spare Part 자료를 입력하면 기본적으로 시스템 구축이 완료되는 겁니다.

시운전 LE 제가 의문이 있는데요 Compressor 기계를 보면 부품이 500개 이상으로 기계가 구성되어 있는데 이런 많은 내용을 어떻게 한꺼번에 구축할 수 있나요?

조과장 좋은 지적입니다. 당연히 그러한 문제점을 해결하기 위해서 큰 기계는 도면에 부여된 Tag를 기준으로 Package 별로 Level을 만들고 자세히 보시면 2차는 발주처의 내부 Numbering System에 따라서 Level 별로 구축을 하게 됩니다. 사실 이 부분이 실행에서는 발주처와 지속해서 협의가 필요한 부분입니다.

시운전 LE 그 외에도 중요한 사항이 있나요?

조과장 제가 필요한 내용은 현장에서 복귀할 때 작성한 교훈 내용을 참조하시면 될 듯합니다. 그리고 그때 비해서 범위가 하나 더 늘어난 부분이 있는데 그 부분은 확인하시고 Cost 반영 바랍니다.

시운전 LE 구체적으로 어떤 부분을 말씀하신 거죠?

조과장 CMMS가 구축 완료되면 공장 운영자들은 시스템을 통해서 Work Order라는 것을 발행합니다. 일종에 PO를 발행하는 것이지요. 그리고 PO를 발행할 때 어떤 Spare Part인지를 확인하는 작업이 필요한데 Bar-Code 시스템을 적용해서 주로 하는데 저희 입찰서를 보면 Bar-Code 구축을 계약자가 모두 하게 되어 있습니다. 확인하시고 필요한 장비를 포함해서 비용을 산출해서 보내주시기 바랍니다.

시운전 LE 금일 협조해 주셔서 감사합니다. 제가 완료되는 대로 웹 디스크에 모두 업로드하고 연락드리겠습니다. 협조해 주셔서 거듭 감사 말씀드립니다.

조과장 잘 부탁드립니다.

시운전 LE와 1차 미팅이 끝나고 필요한 내용을 정리해서 시운전 LE에 자료를 모두 보낸다. 그리고 시운전 LE는 관련 내용을 토대로 준비를 해서 2차 미팅에서 다시 만난다.

조과장 그 동안 시운전 파트 준비하시느라 고생이 많으셨습니다.

시운전 LE 별 말씀을 다 하십니다. 보내주신 자료가 도움이 많이 되어서 그나마 작성을 쉽게 할 수 있었습니다.

조과장 저도 보내주신 자료를 읽어 보기는 했지만, 마지막 점검 차원에서 몇 가지 확인하고 미팅을 마치도록 하겠습니다. 우선은 Operation Management 관련해서 조직에 관련된 것입니다. 이번 프로젝트는 설계 단계에서부터 Operation팀을 구성하라고 되어 있습니다. 그런데 기술하신 내용을 보면 기존에 저희가 하던 방식으로 MC(Mechanical Completion)가 끝나는 시점에 전체적으로 시운전팀을 구성하는 Base로 설명이 되어 있던데 이 내용은 입찰 요구 사항과 괴리가 있어 보입니다.

시운전 LE 물론 그렇게 하면 저야 좋지만 일단은 저희가 인원이 없어서 처음부터 이렇게 투입하는 것은 어렵다고 부서장님께서 말씀을 하셨습니다.

최과장 사실 프로젝트는 특이하게도 프로젝트 시작한 지 3개월이면 발주처 시운전팀도 조직을 만들어서 저희와 동일하게 업무를 하게 되어 있습니다. 그리고 프로젝트 시작 후 18개월이면 전기를 생산하고 Unit별 시운전에 들어가게 되어 있습니다. 사실 제가 생각하기에도 말이 안 되지만 저희 스케줄팀도 이러한 리스크를 줄이기 위한 노력을 하고 있습니다.

시운전 LE 18개월부터 전력을 생산해서 플랜트 단위 Test를 한다는 것은 너무도 낭비 요소가 많을 텐데 가능한 일인지 모르겠습니다.

최과장 맞는 말입니다. 그래도 요구 사항대로 하지 않으면 DQ의 위험도 있기 때문에 가능하면 관련 요구 사항을 맞추어 주시기 바랍니다.

시운전 LE 네, 다시 협의해 보도록 하겠습니다.

최과장 저희 시공팀에서 문의를 해와서 제가 부서 업무 분담을 확인했는데 시운전에 필요한 공사 금액은 시운전팀에서 금액을 작성하는 것으로 되어 있다고 하더라고요. 가령 백금 촉매 등 Catalyst를 Loading하는데 이런 부류의 금액은 시운전팀에서 작성을 하고 있는 건가요?

시운전 LE 저희는 단순한 시운전 관련해서 Man-hour만을 입찰 시 작성해서 송부하는 것으로 알고 있습니다.

최과장 제가 알기로도 그런 것으로 알고 있었는데 얼마 전 부서장들 회의에서 그렇게 하기로 회의록에 기록이 되어 있고 관련 사항에 대해서 결재된 서류가 있다고 시공팀에서 보내왔습니다.

시운전 LE 네, 말씀 하시니 내용을 다시 확인해 보도록 하겠습니다.

조과장 System Completion Plan 안에는 별도로 Commissioning Schedule을 Bar-chart로 작성한 내용을 제가 확인했습니다. 그런

데 스케줄팀에서 제출한 내용과는 차이가 있어 보입니다.

시운전 LE 저희가 작성한 기준은 시운전을 고려해서 스케줄을 작성한 것이기 때문에 당연히 저희가 작성한 내용을 반영해 주시기 바랍니다.

조과장 그러시면 저를 포함해서 관련 내용을 스케줄 LE에게 송부하여 주시기 바랍니다. 저도 금일 이야기한 내용을 스케줄 LE에게 전달하도록 하겠습니다.

시운전 LE 알겠습니다.

조과장 금일 협조해 주셔서 감사합니다.

Quick Tips!

CMMS는 소비가 아닌 생산을 의미한다.

CMMS 시스템을 독자적으로 구축해서 팔 수 있는 능력을 가지고 있는 업체는 많지 않을 것이다. Major 오일 업체는 당연히 가장 유명한 상용 시스템을 사서 쓴다. 그렇지만 우리가 늘 Major 오일 업체만 상대하는 것은 아니다. 수많은 오지에도 유사한 플랜트를 많이 건설한다. 그러한 경우는 아직 CMMS 시스템이 뭔지 잘 알지 못하는 경우도 꽤 있다. 이러한 경우 CMMS를 구축해주면 차후 Operation & Maintenance 관련해서 좋은 성과를 거둘 수도 있을 것이다. 그러나 아직까지 EPC 회사의 IT 마인드는 단지 소비로만 생각하지 생산으로 생각하지 못하는 경우가 있다. 지금은 제조업체도 데이터 회사라 주장도 하고 IT 회사라 주장을 한다. 현재 자동차 제조사는 더 이상 자동차를 제조하는 회사가 아니라 하나의 IT 제품을 판매하는 회사가 되어 가고 있다. 건설 회사도 소비 위주의 IT보다는 생산적인 면을 부각시켜야 될 것이다.

시운전 조직은 프로젝트 초기부터 동원을 고려하자.

과거 플랜트 공사를 보면 단순하게 공사 위주로 한국 업체가 수주한 경우가 많아서 시운전을 신경 쓰지 않아도 되는 경우가 있었지만 최근 공사는 한국 업체가 Main Contractor로 공사를 대부분 수주하고 있으며 공사 역무 안에는 Commissioning & Start-up이 포함되어 있는 경우가 대부분이다. 그렇기 때문에 시운전 조직이 EPC 조직에서 점점 커져가고 있으며 이러한 시운전 조직을 적절하게 운영할 수 있는 Knowhow를 개발하는 것이 매우 중요하다. 그리고 설계에서부터 시운전 조직을 적절히 투입하면 석유화학 공장 건설에서 주로 시운전 조직이 담당했던 분야 중 한 분야인 Maintenance 문제 사항을 좀 더 쉽게 해결할 수 있을 것이다.

Chapter 8
품질 관리

12th week

Chapter 8 〈품질 관리〉 요약

입찰 목록

❶ 품질 시스템 Quality System

❷ 품질 보증 매뉴얼 Quality Assurance Manual

❸ 품질 관리 절차서 Quality Management Procedure

❹ 감사 일정 Audit Schedule

❺ 품질 자격증 Quality Certification

요구 사항

- One Team, One Policy의 정책으로 모든 품질 문서 작성을 요구함
- 하도급 품질 관리도 원도급이 책임져야 하는 요구 사항이 있음
- 품질 감사 관련해서 과도하게 적용을 해서 품질 관리 추가 비용이 예상됨
- 현장 품질 관리할 시 품질 관리 시스템의 활용을 요구하고 있음

품질 용어 [118]

품질 Quality 기본 특성은 요구 사항을 충족하는 정도.

품질 감사 Quality Audits 품질 감사는 프로젝트 활동이 조직의 정책과 프로젝트 정책, 프로세스 및 절차를 따르는지 판별하기 위해 수행하는 체계적이며 독립적인 프로세스임.

품질 체크리스트 Quality Checklists 필요한 일련의 단계를 수행했는지 확인하는 데 사용하는 체계적인 검사 도구.

품질 관리 계획서 Quality Management Plan/Procedure 조직의 품질정책을 구현하는 방법을 기술한 문서로, 프로젝트 계획서를 구성하는 요소.

품질 관리 시스템 Quality Management System 품질관리 계획서를 이행하는 데 필요한 정책, 프로세스, 절차 및 자원을 제공하는 구조의 조직체계. 기본적인 프로젝트 품질관리 계획서는 조직의 품질관리 시스템과 호환되어야 함.

품질 정책 Quality Policy 프로젝트 품질관리 지식 영역과 관련된 정책으로, 조직에서 품질관리 시스템을 구현할 때 조직의 조치를 통제할 기본 정책을 수립함.

표준 Standard 주어진 여건에서 지시를 최적 수준으로 달성하는 것을 목표로, 활동이나 작업 결과에 대해 공통으로 반복해서 사용할 규칙, 지침 또는 특성 정보를 제시하는 문서.

12th week

품질 관리 Quality Control 모든 변경 요청을 검토하고, 변경 사항을 승인하고, 인도물[119], 프로젝트 문서, 프로젝트 관리 계획서에 대한 변경을 관리하고, 변경사항의 처분에 대한 내용을 전달하는 프로세스.

품질 보증 Quality Assurance 품질 요구 사항과 품질통제의 측정결과를 감사하면서 해당하는 품질 표준을 사용하고 있는지 확인하는 프로세스.

검사 시험 계획서 ITP Inspection Test Plan 검사 및 시험 계획서로 장치가 제작되었을 때 검사할 항목이나 절차에 대해 명시한 계획서.

---

[118] 품질 용어: PMBOK 6판 용어해설 인용하였음.
[119] 인도물: 성과품과 동일한 용어로 사용됨.

최부장 금주는 품질 관리 내용을 정리하기로 되어 있는데 발주처 요구 사항을 다들 확인해 봤어?

PM팀 네.

최부장 그리고 품질팀에서 웹 디스크에 올린 내용이 있던데 특별히 김 대리에게 맡겼던 것 같은데 검토는 다 완료했어?

김대리 네. 현재까지 작성한 웹 디스크에 품질팀에서 작성한 품질 문서를 설명드리겠습니다.

첫 번째, 품질 시스템은 우리 회사가 가지고 있는 Quality System을 제출하는 것으로 보입니다. 그래서 ISO 9001, ISO 14000 관련 자료를 첨부했으며 본사 QC 조직도 및 기타 관련 내용을 제출하면 될 듯합니다. 두 번째, 품질보증 메뉴얼은 저희 회사의 표준 매뉴얼을 보유하고 있기 때문에 특별히 문제가 없어 보입니다. 세 번째, 품질관리 절차서도 저희 보유 문서로 특별히 문제없습니다. 이러한 내용은 저희 회사 품질 문서를 기준으로 입찰 요구 사항을 반영해서 제출하면 될 듯합니다. 네 번째, 감사일정은 입찰 요구 사항에 감사 일정을 반영하여 제출하면 문제가 없습니다. 다섯 번째, 품질자격증은 우리 회사가 이미 보유하고 있는 문서이기 때문에 특별한 어려움은 없어 보입니다.

최부장 품질은 김대리가 품질팀과 잘 상의해서 진행하고 빨리 끝내면 좋겠네.

김대리 알겠습니다.

조과장 김대리, 품질 관련해서 몇 가지 물어봐도 되나?

김대리 네.

조과장 내가 품질 관련 내용을 읽다가 의문 사항이 있어서 내용을 정리했는데 첫 번째는 입찰서에서는 품질관리 내용 중 협력 업체 품질도 계약자가 일정 부분 책임을 지고 있는 부분이 있었고, 두 번째는 품질 외부 감사는 1년에 2번 외부 독립 기관을 이용하라고 되어 있는데 비용도 꽤 많은 금액을 반영하라고 되어 있었고, 세 번째는 품질 시스템을 요구해서 우리가 품질 관련 시스템이 있는지 모르겠고, 네 번째는 품질팀의 구성은 본사와 현장을 어떤 식으로 관리하는 것인지, 그리고 본사 팀이 나중에 현장까지 가야 하는 것인지, 다섯 번째로 품질 문서 중 Handover 시 발주처에 제출하는 문서가 있었는데 이것은 B사가 다 할 수 있는 것인지, 여섯 번째는 입찰서 요구 사항 중 배관 용접에 대해서 용접사를 관리하게 되어 있던데 방법이 있나?

김대리 제가 너무 쉽게 생각하고 했는지는 모르겠지만 제 생각은 회사의 표준 절차가 있어서 절차서만 적당히 제출하면 될 것으로 생각을 했습니다. 과장님 의견을 듣고 보니 품질도 반영할 내용이 많아 보입니다.

최부장 허사원은 품질에 대해서 조사한 내용이 있어?

허사원 제가 학교 다닐 때는 정말 품질관리하면 대부분 통계 공부를 정말 많이 했었는데 제가 생각하는 품질관리와 건설산업에서 사용하는 품질관리와는 많이 달라 보여요.

최부장 아마도 그럴 거야. 대학 다닐 때 과거에 산업 공학을 전공했다고 하면 품질관리를 주로 많이 배우고 자격증도 품질관리 기사를 취득하는 것으로 알고 있는데 건설 산업에서는 품질관리가 학문적인 접근이라기보다는 ISO를 기준으로 설계 품질, 자재 품질, 시공 품질 등의 내용을 100% 전수 검사하는 식의 품질을 생각해볼 수 있지. 프로젝트는 처음에도 이야기했지만 제조 회사처럼 동일한 물건을 반복적으로 생산하기보다는 모든 프로젝트가 새로운 것을 다룬다고 생각하다 보니 동일한 물건 동일한 일이 없다고 생각하고 또한 우리가 건설하는 플랜트는 100% 완벽해야만 플랜트를 운영할 수 있지.

허사원 그럼 저희가 배운 Sampling 기법이나 통계는 쓸모없는 거네요.

최부장 많이 쓰이지는 않지만 허사원이 잘 활용해서 필요한 곳에 이용을 하면 되지. 그래도 PMI에서 발행한 프로젝트 품질관리 분야를 보면 허사원이 학교에서 공부한 내용과 비슷한 내용이 많이 있을 거야.

허사원 아! 저도 사실은 학교 다닐 때 PMP 관련 과목을 듣기는 했는데요, 기억 나는 것은 없네요.

최부장 허사원뿐만이 아니라 전공을 학교에서 배우기는 했다고 하는데, 물어보면 기억이 안 난다고 발뺌을 해서 참 이상하지 왜일까?

허사원 부장님 저희들도 힘들었어요. 사실 토익 900점 이상의 점수를 얻는 것만으로도 힘들었습니다.

최부장 핵심을 말하면 내가 할 말이 없잖아. 사실 토익은 자격증처럼 절대 평가로 회사에 제출 기준을 바꾸면 좀 좋을 텐데. 그렇다고 점수만 높지 영어를 잘 하는 것도 아니고 회화 잘하느냐고 하면 또 해 본 적 없다고 해. 하하하!

허사원 하하하! 부장님 넘어가시지요. 부장님 혹시 이런 것은 특별한 이유가 있을까요? 플랜트는 배관 관련해서 품질 관리가 정말 까다로워 보이던데 그리고 자격증도 비파괴검사 자격증은 기본 보유하고 있더라고요. 이런 것이 꼭 필요하나요?

최부장 맞아, 플랜트 현장은 배관 관련 업무가 제일 많다고 해도 틀린 말은 아닐 거야. 용접사들이 모든 배관 라인을 용접을 한 후 배관 품질 관리는 모든 곳들을 빠짐없이 검사를 하지. 정말 많은 배관 라인들이 탱크와 기계설비 사이에서 모든걸 연결하는 역할을 하지. 마치 우리 몸의 핏줄처럼 말이야.

김대리 아, 부장님. 말씀 중에 죄송합니다. 저희 입찰 요구 사항 중에 모든 용접 부위를 관리하도록 되어 있는데 용접 부위를 관리할 수 있는 방법이 있나요?

최부장 그래서 우리 회사도 용접을 전문적으로 관리하는 프로그램이 오래전부터 개발되어 운영을 하고 있지. 그런데 이번 프로젝트는 시공은 B사가 책임을 지고 있는 관계로 우리의 시스템을 사용할 수 있을지 모르겠어. 그건 그렇고 허사원 이 프로젝트에서 중요하게 파악한 내용이 있어?

허사원 저도 조과장님이 이미 말씀은 했지만 입찰 요구 사항을 보면 프로젝트 Audit 관련해서 외부 용역을 별도로 1년에 2번 이상 발주처가 정해준 곳에서 특별 감사를 받게 되어 있습니다. 금액도 1회당 1억 이상 비용을 지불해야 하는 항목을 확인한 것 외에는 없습니다.

최부장 금일 품질 내용이 없으면 간단히 정리하고 관련 내용을 품질팀과 협의하는 것으로 하지.

김대리 부장님, 지난주에 품질팀과 품질 문서 내용을 구두로 협의한 결과를 제가 간단히 말씀드리겠습니다.

첫 번째는 사실 시공은 B사가 시공 업체이기 때문에 시공 관련 사항을 저희 회사 품질팀에서 다루기가 어렵다고 전달받았습니다. 그리고 입찰 요청 사항을 보면 One Team, One Policy라는 말이 있기는 한데 품질 문서는 회사 표준으로 작성이 되어서 품질 문서를 변경하기 힘들다고 들었습니다.

두 번째는 조과장님이 말씀한 내용 중에서 품질 관리에 책임 소재는 현재까지 정해진 대로 저희는 설계, 구매이고 시공은 B사 책임으로 범위가 정해져야 한다고 들었습니다.

세 번째는 저희 회사 현장 품질 시스템이 ISO 규정에 의해서 시스템이 만들어져서 사용하는 데는 문제가 없지만 이 부분도 B사가 시공 분야를 담당하고 있기 때문에 동의 없이 사용하기는 힘들다고 들었습니다. 이상입니다.

최부장 김대리도 수고했고 품질은 이 정도 하고 빨리 마무리 짓는 것으로 하지. 조과장은 오늘 확인한 내용을 잘 정리해서 품질팀에게 보내주고 내일 중으로 최종 미팅을 하자고.

· · ·

조과장 부장님, 품질 미팅이 준비되었습니다.

최부장 참석하여 주셔서 감사합니다. 금일 미팅은 기 제출해 주신 품질 문서를 검토 후 입찰 요구 사항과 다른 부분에 대해서 확인하고자 미팅을 갖게 되었습니다. 우선 저희가 미리 이메일로 송부한 자료를 보셨는지요?

품질 LE PM팀에서 검토한 사항은 잘 보았습니다. 그리고 먼저 저희가 확인할 사항에 대해서 먼저 확인 후 PM팀 문의 사항을 협의하도록 하시지요. 저희가 현재까지 정리한 내용 중 PM Policy를 확인해야 할 사항에 대해서 미리 확인을 하고 싶은데 가능할까요?

최부장 네, 말씀하시죠.

품질 LE 품질 문서는 저희 표준으로 작성해서 문서를 제출하는 것을 기본으로 해서 별도로 주신 양식은 반영하지 못했습니다.

최부장 관련해서는 이미 알려드린 바와 같이 저희가 제공한 Word form을 사용해서 모두 변경하여 주시기 바랍니다. B사의 로고가 모두 반영된 양식입니다. 더불어 문서 첫 부분에 품질 관리에 대해서는 One팀으로 운영한다는 문구를 적절히 반영하여 주시기 바랍니다.

품질 LE 물론 관련 사항은 검토했습니다. 그러나 현 상황으로는 어려움이 있습니다. 특히 컨소시엄용으로 품질 관리 절차를 만든다는 것은 사실 쉬운 일이 아닙니다. B사의 품질 절차와 우리 사의 품질 절차를 하나로 합친다는 것은 사실 무리가 있습니다. 저희들은 기존에 하던 대로 저희는 저희 회사 품질 표준 절차서를 제출하는 것으로 대신하려고 합니다.

최부장 아시겠지만 입찰할 때 가장 중요한 요소는 입찰서의 요구 사항을 제대로 반영했는지 여부가 기술 입찰 내용의 점수에 영향을 미칩니다. 단순하게 우리 회사의 표준 절차서만을 제출한다면 좋은 결과를 얻을 수 없습니다. 비록 회사의 표준으로 품질 문서가 운영되는 것은 맞지만 입찰 요구 사항에 따라서 우리 회사의 문서 양식을 조정했으면 합니다.

품질 LE 알겠습니다. 요청 사항은 저희 품질 부서장님께 확인 후 가능하면 반영하도록 하겠습니다.

품질 LE 요구 사항 중에서 현장에서 사용할 품질 시스템을 제공하라고 되어있는데 B사 범위가 맞나요?

최부장 네, 맞습니다.

품질 LE   그러면 품질 시스템은 B사에서 제공하는 것으로 알고 있겠습니다.

최부장   네.

품질 LE   현재 QA/QC Manager를 25년 이상의 플랜트 경력이 있는 품질 관리자로 요청하고 있는데 현장 품질 관리자는 B사 QA/QC Manager가 담당하는 것이 맞나요?

최부장   현장은 B사의 책임이니 저희는 EP만을 책임지면 됩니다.

품질 LE   발주처 요구 사항에 대해서 좀 과도하다고 생각하는 것들은 Technical Query를 통해서 확인을 할 수 있나요? 연 2회 독립기관으로부터 품질 감사 실시는 필요없어 보입니다. 발주처 품질 관리자와 PMC 품질 관리자도 품질 조직에 포함되는 것으로 보아 외부 감사 관련 사항은 너무 과도해 보입니다.

최부장   네, 관련 항목은 저희도 고민을 하고 있는 부분입니다. 별도 품질 비용이 발생하는 부분이라 TQ를 확인 후 최종 결정하는 것으로 하시지요.

품질 LE   혹시 B사와 현재 작성된 문서를 기준으로 품질 미팅을 하고 싶은데 언제쯤 가능한가요?

최부장   현재는 원격화상회의 미팅으로 필요한 사항을 확인하고 있습니다. 금주 금요일 가능하시면 품질 담당자와 관련 미팅을 하도록 협의하겠습니다.

품질 LE   참고로 입찰 요구 사항 중에서 Quality Management Procedure에 요구하는 문서 중에서 다음과 같은 문서는 저희가 현재 없는 문서이므로 작성하는 데 시간이 좀 더 필요합니다. 양해 바랍니다.

> - 벤더 관리 절차서
> - 벤더 평가 절차서
> - 품질 모니터링 및 측정 절차서
> - 품질 기록 통제 절차서

최부장 자료는 기존 참조할 문서가 있으면 이메일로 보내드리겠습니다.

품질 LE 네, 주시면 참고하여 작성하겠습니다. 제가 확인할 사항은 다 확인했습니다. 혹시 PM팀 검토 사항이 있는지요?

최부장 몇 가지만 확인하겠습니다. 품질 관련 요구 사항 중에 Audit Schedule 관련해서 발주처가 요구한 사항이 있습니다. 상당히 요구사항이 많고 품질 내부 외부 감사가 많이 있습니다. 이러한 내용을 품질 Audit Schedule에 반영을 했으면 합니다.

품질 LE 관련 부분도 사실 검토는 했습니다. 그러나 품질 문서는 ISO에서 제시한 감사를 따르고 있고 저희가 작성한 품질 Audit Schedule 정도면 특별한 문제가 없다고 생각합니다. 현재 입찰 요구 사항이 너무 과도하게 요구하고 있는 부분이 있습니다. 이러한 내용을 반영한다면 저희가 생각하는 품질 비용이 초과되기 때문에 비용을 줄이려면 저희 조건으로 들어가는 것이 좋을 듯합니다.

최부장 네, 알겠습니다. 다시 관련 부분은 검토 후 협의하도록 하겠습니다.

품질 LE 네, 고려하신다니 감사합니다.

최부장 마지막으로 B사에서 현장 품질을 책임지는데 현장의 모든 부분을 B사에 맡길 수 있는지 모르겠습니다. 차후 B사와 협의하여 관련 범위를 변경하는 것을 고려하겠습니다.

품질 LE 협의되면 알려주시기 바랍니다. 플랜트 건설 경우는 경험이 없는 조직이 현장 품질을 책임진다는 것은 어려운 일입니다. 현장에서 필요한 ITP도 보유하고 있어야 할 뿐만 아니라 차후 시공이 끝나더라도 모든 품질 문서를 발주처에 원활히 넘겨주기 위해서는 경험이 있는 시공 품질 조직을 현장에서 운영하는 것이 중요합니다. 현재로서는 B사가 책임을 지고 있는 상황이기 때문에 관련 부분에 대한 금액은 저희 품질팀에서는 반영하지 않았습니다.

최부장 잘 알겠습니다. 그럼 문서 수정 부탁드리고 차후 현장 품질 관리 및 품질 시스템 운영에 대해서는 확인 후 다시 협의하도록 하겠습니다.

최부장은 품질팀과 미팅을 통해서 협의한 내용을 토대로 자료를 정리하고 B사에 이메일로 B사의 현장 품질시스템 유무를 확인한다.

최부장 금일 협의된 내용을 정리해서 B사에 보내고 또한 웹 디스크에 작성 완료된 내용을 검토 후 회신 요청하고, 금요일 원격화상회의 미팅은 B사 품질 담당자도 함께 참여 요청한다고 이메일을 보내줘, 조과장.

조과장 네, 알겠습니다.

며칠이 지났다.

조과장 부장님 B사 연결되었습니다.
최부장 Good morning.
B사 PM Good morning Mr. Choi.
최부장 We are fine. how about you?
B사 PM We are also ok. Thanks.

최부장 Our Engineers are ready for the Meeting. How about you?

B사 PM We are ready.

최부장 We have made all of the quality documentation to the extent we had consulted with you a few weeks ago. Please tell us the progress status of your side.

B사 PM We did but not uploaded it yet.

최부장 I see. How long do you think it will take to upload the complete documents?

B사 PM How about uploading the documents by next Tuesday?

최부장 OK, good. I will ask you some questions about quality requirements.

B사 PM Sorry, I can't hear you well, so please get close to the mike and tell me.

최부장 Ok. I will ask you some questions about quality requirements.

B사 PM Of course, tell me.

최부장 I think, I heard from you at the last meeting that there is no construction system to use in the field. I want to confirm to have a quality control system to use in the field. Do you have it?

B사 PM Sure, we have a quality system in the field. Because the quality system is a general system for all kinds of engineering as well as the plant construction.

최부장 I understand. Thank you.

B사 PM Do you have any questions?

최부장 No questions. Do you have?

B사 PM If you don't mind, could you come to my office sooner or later for more detailed discussion?

최부장 Actually, we need the detailed communication for Bidding. To begin with, inform us the date that best fits your schedule by email. I will inform you our visit schedule after receiving your email. Are there anything else more?

B사 PM No, thank you.

최부장 I will send you today's MOM by tomorrow. See you later.

Quick Tips!

좋은 회사는 좋은 품질 시스템을 가지고 있다.

입찰 시 품질 관련 사항을 해결하는 방법은 회사가 표준절차서를 보유하고 있어야 입찰에 매우 유리하다는 것이다. 대기업이라고 하면 대부분 회사에 품질팀이 있을 것이고 ISO 인증서도 가지고 있다. 해외 건설 입찰은 반드시 ISO 9000, ISO 14000 문서는 필수적으로 제출하는 기본 문서라고 볼 수 있다. 회사의 품질 방침, 품질 매뉴얼, 품질 절차서 등은 기본적으로 갖추어야 할 회사의 품질 문서이다. 그 외 입찰에 필요한 많은 품질 문서를 표준 문서로 등재하여 사용하는 것이 중요하다. 품질 문서 중 ITP(Inspection Test Plan)는 Item by Item으로 현장에서 작성이 되며 현장 품질 관리에서 중요한 역할을 한다. 이러한 문서가 구축된 후에는 모든 문서들이 시스템으로 관리되는 것이 중요하며, 최종 문서의 Hand Over 시 관련 모든 문서를 품질팀 주간하에 발주처에 인계하는 것이 업무의 효율을 높이는 것이다.

Chapter 9

HSE 관리

13th week

Chapter 9 〈HSE 관리〉 요약

입찰 목록

① 안전 방침 HSE Policy

② 안전 관리 절차서 Safety Management Plan & Manual

③ 현장 매너 Worksite Stewardship

④ 보건 관리 절차 Health Management Procedure

⑤ 보안 관리 계획 Security Management Plan

⑥ 유독 물질 처리 절차 Toxic & Pollution Prevention Procedure

요구 사항

- Chapter 9는 요즘 핫한 내용으로 HSE 관련 사항으로 해외 프로젝트는 입찰 시 관련 비용은 회사마다 정의한 내부 규정에 따라 현장 안전을 포함해서 통합 관리하는 조직이다. 그러나 국내 현실은 HSE 분야를 단순하게 현장 안전을 책임지는 정도의 역할로 격하시키는 경우가 있지만 프로젝트 요구 사항을 충족하기에는 단순히 현장의 안전관리자만으로 발주처 요구 사항을 만족시키는 경우는 점점 어려워지고 있는 것이 현실이다. 경우에 따라서 HSE Manager의 요구 사항이 까다로워 국내 인원보다는 선진사의 HSE Supervisor를 요구하는 경우도 가끔 있다. 이러한 요구 사항을 만족시키는 일은 입찰 금액의 상승으로 이어질 수밖에 없기 때문이다.

최부장 Chapter 9는 B사에서 제출하도록 되어 있는데 혹시 관련 문서 검토했나요?

조과장 네, 부장님. 관련 문서를 확인하고 있는데 입찰안내서 요청 사항에 따라 모두 작성된 것은 아니었습니다.

최부장 그럼 입찰안내서 요청 사항과 B사에서 작성한 사항을 정리한 자료가 있나요?

조과장 간단하게 정리한 자료입니다. B사는 단순하게 현장 안전 관리와 Security 정도 착안해서 문서를 작성했지만 제가 보기에는 입찰안내서에서 요구하는 하도급 회사 간 GAP Analysis, HSE Manual 등 부족한 부분을 많이 보강을 해야 할 듯합니다. 추가로 확인해야 할 내용 중에서 ISO 14001 "CERTIFICATE OF Environmental Management System"을 입찰 요구 사항 기본 제출하도록 되어 있는데 관련 문서가 등록이 되어 있지 않아서 확인이 요구되는 부분입니다.

최부장 GAP Analysis라는 용어가 소득 차이를 분석하거나 IT에서 사용하는 것은 가끔 봤는데 안전에서도 두루 사용하네.

조과장 저도 처음 보는 내용이라서 관련 내용을 조사를 해야 할 듯합니다.

최부장 맞아. 특별히 과거에 입찰서에 없던 내용이 들어오는 것이라 idea를 내서 관련 문서를 만들어야 할 듯하네. 하여튼 관련 문서는 안전팀에 확인하고 미팅을 잡도록 해. 지금쯤이면 우리 안전팀도 관련 문서를 확인했을 거야.

조과장 네, 부장님.

・・・

최부장 안녕하세요? 바쁘신데 미팅을 오라 해서 정말 미안합니다.

안전팀 당연히 저희 팀이 해야 할 일인데 저희가 너무 늦게 업무에 동참을 해서 좀 미안합니다.

최부장 B사가 작성한 문서를 검토하셔서 아시겠지만 현재 내용이 너무 빈약해서 어떻게 보강을 해야 할지 모르겠습니다.

안전팀 사실 B사 규모에서는 안전 조직을 갖추고 일하기는 우리에 비해 아직 미약한 부분이 많을 것입니다. 그리고 B사가 플랜트 경험이 있는 업체가 아니라서 사실 입찰을 수주하더라도 안전을 책임지기에는 적당하지 않습니다. 그리고 B사 안전 관리자 이력서를 제출해야 하는데 내용을 보면 경력도 짧고 유사 프로젝트 수행 경험도 없어 보여서 B사 안전 관리 Manager을 저희 회사의 직원으로 교체해야 할 것으로 생각이 됩니다.

최부장 B사가 웹 디스크에 업로드한 사항에 대해서 부족한 부분을 우리 안전팀에서 자료를 추가 작성해 주시면 합니다.

안전팀 우선은 B사가 관련 업무를 책임지고 있는 상황이고 우리는 단지 검토하는 정도여서 B사와 협의 없이 저희가 관련 업무를 대신한다는 것은 문제가 있어 보입니다. B사와 관련 범위를 다시 조정하면 저희도 적극 도울 수 있을 듯합니다.

최부장 그러면 내일 B사와 원격화상회의에서 우리 안전팀도 미팅에 참석을 하셔서 금일 협의한 내용을 직접 B사에 피력하면 좋을 듯합니다.

안전팀 알겠습니다. 내일 다시 미팅에서 뵙도록 하겠습니다.

최부장은 내일 미팅에서 B사 안전 담당자 모두가 참석하도록 요청하는 이메일을 보내라고 조과장에게 지시를 했으며, 추가로 우리측 참석 명단도 확인 후 이메일에 첨부해서 통보하라고 지시했다.

조대리 부장님, 금일 B사와 원격화상회의 미팅 준비가 다 되었습니다.
최부장 안전팀도 참석했나요?
조대리 네, 이미 오셔서 회의실에 계십니다.

최부장은 간단하게 B사 원격화상회의 참석자들에게 인사를 하고 미팅을 시작한다. B사 안전 담당자 및 A사 안전 담당자 들은 상호 인사를 하고 A사가 보낸 이메일에 대해서 좀 더 자세한 설명을 부탁한다. A사 안전 담당자는 B사가 작성한 입찰 내용을 설명하고 부족한 부분에 대해서 이야기를 한다. B사의 안전 담당은 플랜트 안전 관련 내용에 대해서 경험이 없음을 인정하고 A사의 의견을 받아들인다. 그리고 관련 내용을 B사 PM의 결재를 득하면 입찰 목록 수정이 가능하다고 했다. 물론 조직도 A사가 Leading 하고 B사가 Supporting 하는 형태로 조직도 변경 가능함을 협의했다. B사는 이러한 모든 내용을 Official MOM을 작성해서 송부를 요청했다. 최부장은 자기가 직접 관련 사항을 B사 PM과 협의해서 처리하겠다고 말을 맺었다.

최부장 허사원, 금일 협의한 내용은 다 이해했어?
허사원 가끔 영어가 어려워서 못 알아들은 내용이 있었는데 대부분 이해는 했습니다.
최부장 협의한 내용을 MOM으로 정리할 수 있겠어?
허사원 작성을 해서 부장님께 보여 드리면 되는 거지요?
최부장 맞아. 작성해서 나에게 검토 받고 코멘트 반영해서 다시 나에게 보내 주면 내가 B사 PM에게 이메일로 송부할 거야.

허사원 네, 부장님.

최부장은 B사 PM의 답신을 기다리는 대신에 직접 전화로 관련 사항을 논의하기 위해서 자리에서 국제 전화를 돌린다. B사 PM은 이메일을 잘 받았으며 B사 안전 담당의 보고를 잘 받았다고 했다. 그리고 자기들도 문제점을 잘 알고 있는데 A사가 이러한 어려운 점을 해결해 줘서 고맙고 업무 범위는 새로 수정해서 웹 디스크에 다시 업로드할 거라고 했다. 전화를 끊고 다시 A사 안전팀에 전화를 해서 B사 의견을 전달했으며 부족한 부분에 대해서 A사 안전팀에서 작성 후 웹 디스크에 업로드하겠다고 했다. 그리고 내용 중에서 B사나 현지 조사가 필요한 경우는 차후 별도로 협의가 필요하다고 안전팀은 전달을 했고 PM은 그렇게 하자고 답하고 전화를 끊었다.

최부장 지난번 HSE 부서 미팅 이후로 B사에서 MOM 사항 답신은 받았나?

허사원 네, 저희가 Leading하는 것으로 입찰 목록을 수정해 보내왔습니다.

최부장 그럼 목요일 부서와 미팅을 잡고 현재까지 수정한 내용을 모두 웹 디스크에 등재하라고 해.

허사원 네, 부장님.

• • •

최부장 금일 미팅에 참석해 주셔서 감사합니다. 제가 허사원에게 B사와 협의된 내용을 작성해서 업로드 요청 이메일을 보냈는데 제가 최근에 들어가서 자료를 확인해 보니 그다지 수정한 사항이 보이지 않던데 혹시 업무 관련해서 어려움이 있으신지요?

안전 LE 사실 새로운 입찰을 제가 접수해서 보다 보니까 깜박 잊고 있었던 점이 많이 있습니다. 죄송합니다.

최부장 아시겠지만 이번 입찰 내용 중에서 요구사항이 가장 까다로운 chapter를 지목 하라면 저는 HSE 관련 사항이라고 생각합니다. 입찰 요구서 세부 내용을 보면은 정말 많은 Procedure를 요구하는 것을 보고 놀라지 않을 수 없네요.

안전 LE 제가 봐도 정말 많은 내용이기는 하지만 지금까지 입찰을 많이 하다 보니까 관련 자료는 많이 축척이 되어서 빠르게 하면 1주일 안에 완료 가능하고 현지에서 조사할 내용에 대해서 다음 주에 필요한 내용을 B사에 요청하겠습니다.

최부장 알겠습니다. 내용을 보시면서 세부적인 제출 일정을 알려 주시기 바랍니다.

안전 LE 네.

최부장 안전 방침은 이미 준비된 것으로 알고 있으니 넘어가겠습니다.

안전 LE 다음으로 가시죠.

최부장 안전 관리 매뉴얼을 제출하라고 되어 있는데, 안에 요청한 첨부를 보면 내용이 너무 많아서, 이런 내용을 다 보유하고 있는 건가요?

안전 LE 어떤 내용을 말씀하시는 건지?

최부장 General Risk Assessment & Risk System Plan, Waste Management Plan, 지난번 미팅에서 언급한 Gap Analysis 등의 내용은 제가 좀 생소하네요.

안전 LE 리스크 관련해서는 저희 팀도 관련 System을 자체 개발해서 사용하고 있습니다.

최부장 제가 알고 있는 리스크팀에서 사용하는 Risk System과는 차이가 있는 건가요?

안전 LE 리스크팀에서 사용하는 리스크 시스템도 기본적으로 사용하는 이론은 유사합니다. 단지 저희는 현장 리스크 관리에 주안점을 두고 개발된 프로그램이고 리스크팀에서 활용하는 프로그램은 회사 전반적인 리스크를 관리한다고 생각하시면 됩니다.

최부장 요즘은 부서마다 관련 시스템이 구축이 되어 있네요. 그럼 Waste Management Plan은 잘 요구하지 않는 절차서 같은데 보유하고 있으신가요?

안전 LE 좀 까다로운 발주처라면 대부분 요구하는 사항입니다. 제가 지난번에 수행한 프로젝트에서도 정말 까다롭게 발주처 안전 관리자가 챙기더라고요. 특히 쓰레기 분리수거 관련해서 모든 현장에 칼라를 달리한 쓰레기통을 사용해서 분리수거를 잘 못한 경우는 바로 시정 조치를 요청받곤 했습니다. 제가 전 프로젝트에서 사용한 내용을 수정해서 사용하면 될 겁니다.

최부장 제가 안전에 대해서 좀 모르는 사항이 많았네요. 답변 감사합니다. 다음은 현장 Stewardship도 저는 본 적이 없는데 이런 말도 있나요?

안전 LE 각각 필요한 회사는 Stewardship code라는 것을 도입해서 사용하고 있는 것으로 알고 있습니다. 안전에 관련해서 적극적으로 관여해서 일 처리를 한다고 생각하면 간단합니다.

최부장 Health Management Plan 관련해서도 단순하게 절차만을 기록하는 것이 아니라 1차 진료 기관부터 병원마다 Site에서 가까운 동선을 표기를 해야 하고 특히 Medical Services 관련해서 입찰 기간 동안 지정 병원과 협력 계약을 해야 하는데 저희가 할 수 있나요?

안전 LE 이 부분에 대해서는 B사가 작성하는 것이 유리할 듯합니다. 제가 B사와 협의해서 제출하겠습니다.

최부장 보안 관리 분야도 지휘기 필요한 Security Services를 위해서 외주 계약을 하게 되어 있던데요. 그리고 선택된 외주 회사 관련 내용을 모두 제출하게 되어 있던데 입찰 때 이런 자료까지 요구받은 적은 제가 없어서 잘 모르겠네요.

안전 LE 이 분야도 B사에 협조를 요청하도록 제가 조치를 취하겠습니다.

최부장 마지막으로 유독물 처리 절차 제출 부탁드립니다.

안전 LE 네, 금일 협의한 내용에 따라서 빨리 조치하겠습니다. 금일 내용을 제가 MOM 작성해서 보내 드리겠습니다.

최부장 감사합니다. MOM은 PM의 일로 생각하고 늘 해왔는데 거듭 감사드리며 어려운 일이 있으시면 언제든지 연락 주시기 바랍니다.

Quick Tips!

준비된 안전팀

사실 안전이라는 분야가 단순하게 안전관리자가 모두 해 주고 현장에서 단순하게 사고를 방지하는 역할 정도로 생각을 할지도 모른다. 그러나 안전 분야도 정말 다양한 분야를 가지고 있고 다양한 내용의 절차서를 보유하고 있어야 Proposal 시간을 단축시킬 수 있다는 것을 잊지 말자. 회사에서 안전팀이 모든 역할을 할 수 있다면 좋지만 그렇지 않다면 입찰 시 필요한 표준 자료를 회사에서 적극적으로 관리하는 것도 입찰 경쟁력을 향상시키는 데 많은 도움이 될 것이다.

14th week

Chapter 10

IT 관리

14th week

Chapter 10 〈IT 관리〉 요약

입찰 목록

❶ IT 절차서 IT Procedure

❷ 현장 하드웨어 네트워크 도표 Site Hardware Network Diagram

❸ 현장 소프트웨어 네트워크 도표 Site Software Network Diagram

❹ 지적 재산권 관리 시스템 Copy Right Management System

❺ IT 보안 절차 Information Management Security Procedure

❻ 소프트웨어 리스트 Software List

❼ IT 이관 절차서 IT Hand Over Procedure

요구 사항

- Chapter 10은 현장에서 사용하는 모든 Hardware와 Software 구축을 도표 형식으로 만들어 보여주는 것들을 포함하고 있다. 그리고 지적 재산권, 보안, 다른 제출 문서 등은 입찰안내서에 포함되는 경우가 많지는 않지만 충분히 요구가 가능한 내용이다. 그리고 IT 핵심은 IT 절차서에 Engineering, Procurement, Construction 내용이 모두 포함된다.

입찰 시 알면 도움이 되는 상용 SW

SW명 **EDMS** Electronic Document Management System 전자 문서관리 시스템
제조사 문서관리 모듈을 구매하여 자체 개발한 경우가 많다.
사용 분야 과거에는 Letter, 도면 등 문서관리 위주였지만 현재는 물량까지 관리하는 기능까지 포함하는 추세로 진화하고 있음.

SW명 **SP3D/PDS/PDMS**
제조사 Intergraph/ Intergraph /Bentley
사용 분야 과거에는 배관 3D 설계에 중요하게 활용했지만 지금은 전기/계장을 포함한 플랜트 전 분야를 3D 사용이 확대되고 있음.

SW명 **SPF** Smart Plant Foundation
제조사 Intergraph
사용 분야 Intergraph Smart Plant 관련 계열의 시스템 Data를 통합 관리하는 프로그램.

SW명 **SP P&ID/SPEL/SPI/SPMat.**
제조사 Intergraph
사용 분야 공정설계/전기설계/계장설계/자재관리

SW명 **AutoCad/MicroStation**
제조사 AutoDesk/Bentley
사용 분야 모든 건축 플랜트 분야의 2D 설계가 가능하며 일부 3D 지원이 가능하다. 특히 MicroStation은 SP3D와 직접 연동이 되어 3D 통합에 장점.

SW명 **PROMAX/ASPEN HYSIS**
제조사 BR&E/INVENSYS
사용 분야 공정 Simulation(Mass & Heat Balance)

SW명 **Primavera/MSProject**
제조사 **Oracle/MicroSoft**
사용 분야 공정관리 프로그램으로 현재는 주로 사용되고 있지만 최근에는 4D 공정관리를 지원하는 프로그램이 별도로 개발되어 있음.

14th week

SW명 **Oracle/MSSQL**
제조사 Oracle/MicroSoft
사용 분야 Database 관리 프로그램으로 기본적으로 상용 프로그램과 함께 설치하여 사용함.

SW명 **STAAD Pro**
제조사 Bentley
사용 분야 Structure 분석 및 설계 관련하여 건축/토목팀에서 주로 사용을 하고 있음.

SW명 **CMMS** Computerized Maintenance Management System 설비보전관리 시스템
제조사 Oracle/SAP 등
사용 분야 설비 보전 운영에 관한 정보의 컴퓨터 데이터베이스를 유지하는 소프트웨어 패키지, Spare Part 관리.

SW명 **Intools** (Smart Plant 군으로 변경 되었고 계장 관리용 프로그램)
제조사 Intergraph
사용 분야 조직 Instrument Index, Cable Schedule, Wiring and Connection, Loop Drawing 및 Data Sheet, Hook-up, P&ID를 Database로 관리.

최부장은 김대리 옆을 지나가다 불현듯 생각난 내용을 김대리에게 물어본다.

최부장 금일은 IT팀과 미팅이 있는 것으로 알고 있는데 맞나요?

김대리 네, 맞습니다.

최부장 난 IT만 보면 답답하던데 혹시 김대리 IT 잘 아나?

김대리 저보다는 조과장님이 IT 관련 자격증도 있고 관련 분야를 다룬 적이 있는 것으로 알고 있습니다.

최부장 IT란 분야가 워낙 넓어서 아무 데나 붙이면 IT라 난감할 때가 많아. 나도 왕년에 IT 좀 한다고 했는데 요즘 기술은 도대체 무슨 말을 하는지 도통 이해하기가 힘들어. 특히 Big Data & Block Chain 뭐가 뭔지 모르겠어. 이제 나도 갈 때가 된 건가?

김대리 부장님, 걱정 안 하셔도 될 겁니다.

최부장 하하, 알았어. 건설 IT 분야는 나도 좀 하지. 건설 분야는 특히 3D Modeling 시스템이 커버하는 분야가 넓어서 그쪽 분야를 잘 알면 절반은 이해하고 있다고 봐야지.

김대리 아마도 부장님 말씀이 맞는 듯합니다. 모든 부서가 3D로 설계를 한다고 볼 때 정말 중요한 시스템이지요.

최부장 김대리는 IT팀이랑 협의해서 우리 업무 관련 문서를 가능하면 빨리 만들어서 끝내는 것으로 하지.

김대리 네, 알겠습니다. 우선 부서에게 사용할 IT Form을 보내주고 우리 프로젝트에 사용할 Software list부터 결정을 해야 할 듯합니다.

최부장 IT는 부서로부터 Software List 작성 후에 IT팀과 미팅을 하는 것으로 하자고.

김대리 알겠습니다.

김대리는 사용 Software list 준비가 다 되었다고 최부장에게 알리자 최부장은 IT 팀과 미팅을 준비하라고 했다.

최부장 김대리가 보여준 Software list는 빈 공간이 많이 있던데 왜 입력을 못한 거지?

김대리 부서가 최신 Software 가격을 가지고 있는 경우도 있지만 없는 경우는 공란으로 비워 두었습니다. IT 담당에게 관련해서 입력을 요청해야 할 듯합니다.

최부장 그럼 미팅 전까지 관련 내용을 채워서 배포하고 내일 IT팀과 미팅을 하는 것으로 하지.

김대리 네, 부장님.

최부장 이번 프로젝트는 모르는 IT system들이 정말 많이 포함되어 있어서 IT팀과 협의를 많이 해야 할 거야. 각 부서나 IT팀에게 입찰 문서를 철저히 확인해서 관련 시스템을 빼지 말고 잘 정리하라고 재확인 메일을 보냈으면 좋겠어.

김대리 네, 알겠습니다. 그런데 부장님 혹시 빠진 IT Tool이 어떤 건지 말씀해 주실 수 있나요?

최부장 이번 프로젝트를 보면 AutoCAD도 사용하지만 3D 연동을 위해 Microsystem CAD를 사용하라고 되어 있는 데도 있고 CMMS를 사용하라는 항목도 있는데 목록에는 내용이 없는 것 같아. CMMS는 누구의 범위인지 알고 있나?

김대리 죄송합니다. 저도 CMMS가 뭔지 모르겠네요. 확인하겠습니다.

최부장 김대리, 내일 각 부서 IT 담당과 IT팀과 시스템 관련 미팅을 했으면 하는데 장소 확인 후 이메일을 송부해 줘. 그리고 Agenda 내용은 모든 IT 시스템 점검 및 검토라고 해서 보내고.

김대리 네, 알겠습니다.

최부장 김대리, 금일 IT 미팅에 누가 참석하나요?

김대리 아마 부서별로 담당자가 참석하고 배관 부서는 못 온다고 하던데요?

최부장 배관이 제일 중요한 부서인데 안 오면 어떡하나? 대신해서 올 수 있는 사람이 있는지 확인해 봐.

김대리 네, 확인하겠습니다.

김대리 부장님, 확인했는데 다른 분이 참석한다고 합니다.

・・・

최부장 IT 미팅에 참석한 분들께 감사드립니다. 기 송부한 IT 목록을 토대로 미팅을 진행하려고 합니다. IT 목록 중에서 배관 SP3D 유저가 너무 많이 잡혀 있던데 이번 프로젝트 배관 라인이 다른 프로젝트에 비해서 많나요?

배관IT 특별히 그런 것은 아니지만 한 사람이 300라인을 그린다고 보고 통상적인 6000라인을 계산해서 12명이 1년으로 환산한 경우입니다.

최부장 현재 회사 보유분 SP3D는 없나요?

IT팀 다음 달 끝나는 프로젝트 10 유저 보유량은 사용이 가능할 것 같습니다.

최부장 그럼 끝나는 프로젝트 보유분을 저희 프로젝트에 투입하는 것으로 하고 10 유저만 배관팀 SP3D에 반영하여 주시기 바랍니다.

배관IT 알겠습니다.

최부장 계장 관련해서 Special한 IT Tool을 사용하는 것이 있어 보이던데 혹시 모두 반영하신 건가요?

계장IT Intool이라는 시스템은 통상적으로 저희가 Internal로 사용하고 있는 Tool이고요. 회사 보유분이 있어서 이번 프로젝트에는 소프트웨어 금액은 반영하지 않고 인건비만을 반영하였습니다.

최부장 Intool은 Hand over 관련 내용을 발주처 요구 사항에서 본 적이 있는데 혹시 아시나요?

계장IT 죄송합니다. 제가 가지고 있는 내용에는 Hand over 관련 내용이 없었습니다.

최부장 김대리가 관련 내용을 보내주고 Hand over 부분을 정리하도록 하세요.

김대리 네, 알겠습니다.

최부장 Intool 처리 속도가 느리다고 하던데 특별히 처리 속도가 늦은 이유가 있나요?

계장IT 이번에 Intool은 영국에서 설치하고 상호 협업을 해서 사용하다 보니까 속도가 느려지는 것으로 알고 있습니다.

최부장 속도를 개선할 방법을 생각해 보세요.

계장IT 네.

최부장 현장 IT 상황은 위성을 사용해야 하나요? LAN을 사용할 수 있나요?

IT팀 제가 보기는 나라 사정상 위성을 사용해야 할 듯합니다. 속도는 프로젝트 규모를 보면 5Mbps 이상은 사용해야 할 듯합니다.

최부장 IT 비용이 너무 많이 나오면 곤란합니다. 가능하면 LAN Cable 포설 방안을 생각해주시면 합니다.

IT팀 확인은 해 보겠지만 현장이 지역과 많이 떨어진 고립 지역이라

LAN 케이블 설치는 어려워 보입니다.

최부장 위성 장비는 새로 사야 하나요?

IT팀 현장에서 임대를 해서 쓰는 경우가 대부분이고 비용은 한 달에 모두 합하면 1억 정도는 필요해 보입니다.

최부장 일단은 반영을 하고 차후 좀 더 면밀히 검토하도록 하겠습니다. 제가 필요한 내용은 점검이 모두 끝이 났습니다. 혹시 의견 있는 분들은 말씀해 주시기 바랍니다.

시공IT 잘 아시겠지만 현재 시공 관련해서는 B사가 모두 책임지는 것으로 되어 있는데 B사로부터 접수한 자료가 있으시면 저희에게도 송부하여 주시기 바랍니다.

최부장 금일 관련 내용은 B사에 요청하도록 하겠습니다. 더 이상 없으시면 미팅을 끝내도록 하겠습니다.

미팅이 끝이 나고 최부장은 김대리에게 B사의 현재 IT 진행 상황을 확인한다.

14th week

최부장 Chapter 10 관련해서 지난번 입찰 목록에 A사는 시공을 제외한 모든 시스템을 준비하기로 했고 B사는 시공 시스템을 모두 제공하는 것으로 범위가 구분되어 있는 것으로 알고 있는데 진행 사항이 정리된 거 있나?

김대리 아직 B사로부터 별도로 협의한 내용의 자료는 받지 못하고 있습니다.

최부장 시간상 지금쯤은 초안이 완료될 시점이기는 한데 김대리가 작성 중인 IT Procedure는 어디까지 작성됐지?

김대리 시공을 제외한 초안은 작성해서 웹 디스크에 등록했습니다.

최부장 그럼 김대리가 이메일로 IT 제출 일정을 B사에게 확인하고 가능하면 빨리 달라고 재촉을 하라고. 그리고 전화도 해 보고.

김대리 네, 알겠습니다.

김대리는 B사 IT manager와 통화가 끝나고 최부장에게 보고를 한다.

김대리 부장님, 제가 B사 IT 담당과 연락을 했는데요, 자기들은 Schedule 관리 Tool 외에는 특별히 현장에서 사용하는 Tool이 없다고 합니다.

최부장 내일 정규 원격화상회의 미팅에서 IT 관련 안건을 포함해서 미팅하는 것으로 B사 PM에게 이메일로 알려 줘.

김대리 네, 알겠습니다.

최부장 B사와 다음 미팅 때는 A사 IT 담당자 포함해서 부서 담당자도 모두 참석하라고 연락하고.

김대리 네, 알겠습니다.

최부장 금일 IT 원격화상회의는 B사와 정시에 진행되는 거지?

김대리 네.

금일 IT 미팅을 위해서 담당자들이 미팅룸에 도착한다. 그리고 신호가 B사로 흘러간다. 누군가 Hello로 응답을 한다.

최부장 Hello.

B사 PM Hello.

최부장 We are ready for IT meeting. How about you?

B사 PM We also ready. Our all IT personnel are here.

최부장 As mentioned in Engineering strategy, our team will move to project site for preparing the bidding proposal with your Engineers. I think we will become successful bidder through the collaboration work with you.

Could you prepare some office supplies such as the printer and the required server at the site?

B사 PM OK, I will do it.

최부장 Our IT manager will report to me about IT proposal of Chapter 10. Your manager has not uploaded the Construction System yet, because especially nothing used at your side.

B사 PM I understand. Actually we would not use the systems you used such as Quality Management Program, Commissioning Program, and Welding Management Program at our office.

최부장 I understood. However, according to ITB requirements, we have to propose these areas.

B사 PM I wonder if your IT engineers will come to manage our side directly.

최부장 No, during the initial stage only for setting up IT system, our IT manager will support and train your people.

B사 PM I understand and agree with you. I will reflect it on the construction cost.

최부장 I will send you the Meeting Memorandum soon.

B사 PM Thanks a lot.

Quick Tips!

PM의 IT 이해도 측정은 중요한 요소이다.

우리가 살아가는 세상은 정말 IT 없이는 살 수 없을 정도로 곳곳에 IT를 사용한다. 건설 분야도 정말 놀라울 정도로 많은 시스템을 보유하고 있다. 그렇지만 건설 종사자들은 IT 분야를 잘 안다고 할 수는 없다. 물론 반대인 경우도 가끔은 있지만 건설 분야의 IT는 정말 넓게 이해를 하는 것이 중요하다. 건설 분야의 업무 방식은 정말 회의를 빼놓으면 추진이 안 될 정도로 회의를 통해서 많은 것이 결정된다. 그리고 단순하게 현지에서만 회의를 하는 것도 아니다. 전 세계 Vender, Contractor 그리고 PMC 등 정말로 많은 회의가 있다. 이러한 이유로 볼 때 PM은 최소 회사에서 사용하는 주요 시스템의 종류, 시스템에서 제공하는 기능, 다른 시스템과 호환 가능 여부, 그리고 자기 회사에서 시스템으로 구현 가능한 Deliverables에 대해서 항상 숙지하고 있어야 한다.

14th week

15th week

Chapter 11

입찰 전략 수정

15th week

최부장 금일부터 영업팀 이대리가 우리 팀 자리로 옮길 거야 조과장 자리 옆으로 배치하면 좋을 듯한데 조과장은 어떻게 생각해?

조과장 저는 상관없습니다.

최부장 오늘 이대리 환영 회식을 한번 하자고! 지금까지 입찰서 작성하느라 팀이 너무 고생만 하고 고기 한번 못 먹었네. 허사원 잘 아는 회식 장소 있어?

허사원 당근이죠, 부장님! 고기로 할까요? 회로 할까요?

조과장 난 회.

김대리 난 고기.

허사원 이대리님 축하 회식이니 혹시 어디가 좋으신가요?

이대리 회와 고기를 먹을 수 있는 삼합 잘하는 집을 제가 아는데 소개해 줄까요?

허사원 네, 감사합니다. 대리님.

다음 날 최부장은 이대리 포함해서 미팅을 준비하라고 조과장에게 지시를 한다.

최부장 이대리가 오니까 든든한데.

이대리 과찬이십니다.

최부장 이번 PQ에 이대리가 많은 역할을 했다고 차차장이 이야기하던데.

이대리 뭐 현지에서 입찰을 직접 해서 그런지 정말 힘들었던 입찰이었습니다.

최부장 현지에서 특별히 힘든 일이 있으면 소개 좀 부탁해.

이대리 지금 B사와 입찰 중이신 것으로 알고 있는데 혹시 어려움이 없나요?

최부장 아직은 서로 문서 작성하는 단계고, B사가 문서 작업 능력이 떨어지는 것은 느낄 수 있는데 아직까지는 잘 모르겠는데.

이대리 저는 PQ 작성할 때 B사가 아는 것도 없고 해서 거의 우리 쪽에서 문서를 모두 만들어 주다시피 해서요. 지금은 어떻게 하는지 모르겠네요.

최부장 정말이야? 그러면 나사원이 미팅 끝나면 B사로부터 못 받은 문서 스케줄 확인해서 보고 부탁해. 또 다른 중요한 내용은 있어?

이대리 아직은 잘 모르겠네요. 좀 지내다 보면 알겠지요.

최부장 B사에서 입찰 작업을 수행했다면 회사 규모는 대략 알 수 있나?

이대리 지난번 PQ 할 때 B사 직원들과 이야기하는 도중 회사 인원에 대해서 물어본 적이 있는데 약 2,000명 정도 본사 근무 인원이라고 들었습니다. 건물 규모로 봐서는 작은 업체는 아닌 것으로 보였습니다. 인도네시아에서는 3위 정도 한다고 들었습니다. 사실 1위, 2위 업체는 이미 우리 경쟁사와 컨소시엄으로 입찰 진행하는 것으로

15th week

알고 있습니다. 그래도 B사 장점은 발주처에서 현재 진행하는 프로젝트가 상당히 진행이 됐는데 발주처로부터 신임을 얻고 있다고 들었습니다.

최부장 정보 고마워. 나사원은 미팅 끝나면 이대리의 웹 디스크 접속 권한을 바로 부여해 주고.

나사원 네, 알겠습니다.

최부장 이대리는 이대리가 제출한 PQ 자료와 현재까지 작성한 우리 자료에서 문제점을 찾아서 보고해 줘. 언제까지 해 줄 거야?

이대리 금주 내로 보고하겠습니다.

모두 최부장이 지시한 일들을 열심히 하고 있으나 이미 시간은 3개월이 넘어 최부장은 불안함을 느끼기 시작한다.

허사원 부장님, 지금까지 B사에서 미제출한 내용은 시공 입찰 금액 접수가 다음 주까지이고 현지에서 받아 주기로 한 ITEM LIST가 지연 중입니다. 그리고 Technical Bid 문서가 반 정도 지연 상태입니다.

최부장 이대리가 PQ 제출한 내용과 우리가 작성한 내용이 혹시 많이 차이가 나나?

이대리 부장님께서 작성하신 문서와 비교하기는 힘들지만 PQ 제출 기간 동안에 제출한 문서를 활용하여 입찰제안서를 작성하시면 효과적일 것입니다.

최부장 지난번 이대리 말대로 현재 가장 중요한 것이 시공 금액을 산출하는 것인데 B사가 아직도 우리가 전달한 BOQ를 잘 이해하지 못해서 걱정이 되네.

이대리 제 생각에는 우리가 다 해야 될 것 같습니다.

최부장 조과장, 입찰구매/시공팀 미팅을 잡고 현재까지 진행 상황을 보고 하라고 알려.

조과장 네, 부장님.

조과장이 정리한 내용을 자세히 들여다본다. 먼저 입찰구매팀의 진행 상황을 보고 최부장은 놀라는 기색이다.

조과장 미팅 준비되었습니다.

최부장 앞으로 남은 기간을 보면 2개월도 남지 않았는데 현재 구매·시공 관련 입찰금액 집계를 보면 구매는 50%이고 시공은 B사로부터 받은 자료가 없는데 이런 상황을 잘 아시고 있으신지요?

시공 LE 저희는 사실 아무 권한이 없고 현재로서는 B사가 모든 업무를 하는 상태라서 특별히 말씀드릴 것이 없네요.

입찰구매 LE 저희는 스케줄에 따라서 모든 업무는 마무리되었습니다. 엔지니어링팀에서는 작성한 MR 자료를 모두 웹 디스크에 올렸고 B사가 Vender Bidding를 통해서 TBE 한 후 저희에게 관련 금액을 보내줘야 하는데 아직 TBE 자료를 보내주지 않아서 계속 독촉 중이나 아직 답신을 못 받았습니다.

최부장 사실 현재까지 제출하지 못한 B사 TBE/CBE는 저희가 완료하는 것으로 범위를 변경하는 것이 지금이라도 입찰 리스크를 줄이는 길이라 생각이 됩니다.

시공/입찰구매 LE 현재 저희 팀 인원으로는 부족합니다.

최부장 제가 관련 부서 부서장님께 저희 사정을 알리고 긴급 지원을 부탁하겠습니다.

시공/입찰구매 LE 네, 부탁드립니다.

최부장 그럼 Technical을 우리가 가능하면 하는 것으로 해야겠네.

영업팀 그러시는 것이 좋겠습니다.

최부장 영업팀은 우리 컨소시엄 업체와 협의한 업무 범위에 관련해서 현재까지 작업한 내용을 최대한 받아보라고. 불가능할 경우에는 우리가 협조를 해야 할 듯한데.

영업팀 네, 알겠습니다.

Quick Tips!

PPM(Proposal Project Manager) 기본 태도

입찰은 많은 리스크를 동반한 업무라 할 수 있다. 입찰 시 PPM은 입찰서를 받는 순간 동물적인 감각으로 느껴지는 정황이 있을 것이다. 넓게 보자면 프로젝트 입찰 상대가 너무 강자인지, 입찰이 너무 커서 회사에서 수행하기 힘든 프로젝트가 아닌지, 좁게는 입찰 비용이 너무 적다든지, 입찰 기간이 너무 짧다든지, 입찰 구성원이 초보라든지 등 수많은 입찰의 장해 요소를 느낄 수 있어야 한다. 타 부서에서 높은 금액으로 입찰 비용을 제출했는데 단순하게 그러한 비용이 경쟁력이 있는지 없는지와 무관하게 그러한 금액을 집계해서 제출하는 수동적인 PPM이라면 중요한 입찰 PPM의 자리는 한 번 더 고려해야 할 것이다.

15th week

입찰 기자재 및 시공 금액 전략

16th week

최부장 이번 주는 정말 바쁘게 정리하고 체크할 것들이 많이 있을 거야.

김대리 혹시 제가 특별히 할 일이라도 있나요?

최부장 조과장은 Technical을 정리하느라고 바쁘니 김대리가 입찰 기자재 분야와 시공 금액을 정리하면 좋겠어. 특히 수주하기 위해서는 금액적인 부분이 가장 중요하다는 사실은 잘 알고 있겠지?

김대리 네, 알고 있습니다. 그런데 B사가 제대로 일을 하지 못해서 금액이 아직 취합이 모두 안 된 것으로 알고 있는데 어떻게 하나요?

최부장 먼저 지금까지 우리가 준비한 것을 기준으로 정리하고 나중에 최종 완료하는 것으로 하자고.

• • •

최부장 오늘은 입찰구매팀이랑 현재까지 정리한 내용을 기준으로 최종 금액을 확인하는 미팅이 잡혀 있는 것으로 알고 있는데 김대리, 미팅 준비는 되었나?

김대리 네, 부장님. 휴머니스트 룸에 모두 모여있습니다.

최부장 금일 미팅이 사실상 가장 중요한 미팅이 아닐까 생각이 됩니다. 다들 아시겠지만 평균적으로 EPCC 관련 금액의 비율을 크게 보면 특별하지 않고 서는 설계 5~10%, 구매 40~60%, 시공 25~45% 시운전 5% 이하 정도로 볼 때 저희 공사의 특성을 고려하면 설계 10%, 구매 60%, 시공 25%, 시운전 5%로 예상됩니다. 잘 아시겠지만 타 프로젝트에서 보면 시공이 35% 비율을 차지하는 경우가 일반적이지만 저희의 경우는 B사가 모든 책임하에 공사를 하는 조건이고 B사의 인건비를 고려할 때 시공에서 25%가 넘어가면 프로젝트가 가격 경쟁력을 잃을 수 있습니다. 현재까지 집계된 가격 분포를 종합하면 구매 가격이 전체 프로젝트의 약 70%이고 부서별 비율을 보면 특히 기계 설비가 전제 비율의 40%를 넘어서 전체적인 금액 비율로 봤을 때 기계 설비 금액을 많이 다운시켜야 할 듯합니다.

기계 LE 저희는 특수 Vender들로부터 기계를 구매하다 보니 가격을 저희가 조정하기 어려운 상태이고 타 부서들은 인도나 중국 Vender를 통해서 가격 조정이 가능해서 저희가 타 팀에 비해서 금액이 조금 높아 보입니다.

최부장 그러면 Vender를 한 단계 낮추어서 선택하면 어떠신지요?

기계 LE 한 단계 낮은 Vender를 선택하면 저희 회사에서 관리를 철저히 해야 하는 어려움이 있습니다. 그리고 시공은 B사가 책임을 지고 있는 상태이기 때문에 검증된 Vender를 활용해야 공사 스케줄을 맞출 수 있을 듯합니다.

최부장 그러나 현재의 기계팀에서 제출한 기계 금액으로는 입찰 비용이 너무 높아 비용 절감을 많이 하지 않으면 발주처가 제시한 플랜트 예가를 상당히 많이 초과할 것으로 예상됩니다. 비용을 줄이는 방안이 없나요?

기계 LE 그러면 Package를 분리하여 발주를 내면 10% 정도는 절약할 수 있습니다. 사실 기계 Vender들도 자기들이 필요한 부품을 Sub-Vender로 직접 구매해서 완성품을 제작하는 형태입니다. 기계 부품 중에서 전기 모터(Motor)인 경우 우리가 프로젝트에 해당하는 전기 모터만 직접 발주하면 전체 10% 정도는 낮출 수 있습니다. 그러나 시공할 때에 Vender Shop에서 Test를 하지 않고 현장에서 Motor를 조립해서 Test를 해야 하는 번거로움은 있습니다.

최부장 그러면 Motor만 모아서 다시 견적을 받으면 시간이 얼마나 걸릴까요?

기계 LE 일주일 이상 걸릴 것으로 예상됩니다.

최부장 그럼 다음 주까지 전기 모터만 별도로 MR 구성해서 금액을 받아 주시기 바랍니다.

기계 LE 네, 알겠습니다.

최부장 이번 프로젝트는 발주처가 추천하는 Vender에 대해서는 직접 RFQ가 포함된 것들이 있던데 혹시 보셨나요?

기계 LE 보기는 했지만 사실 MR을 꾸밀 때 저희 회사 스타일이 있어서 설령 발주처가 그런 내용을 준다고 해도 크게 관여하지 않는 경우가 많이 있습니다.

최부장 그런데 제가 특이하게 본 RFQ 내용 중에 저희가 제출한 금액의 반 정도 가격으로 발주처가 TBE를 완료한 항목이 있던데… 혹시 컨베이어 관련해서 확인하셨나요?

기계 LE 네, 보기는 했는데 업체가 인도 업체인데다 사실 믿기 힘든 가격이어서 DQ시켰습니다.

최부장 죄송한데 제가 보기에는 인도 업체이긴 하지만 Major Project에 관련 설비를 판매한 경험이 있는 회사입니다. 그리고 그쪽 분야에 특허도 있고요.

기계 LE 저도 정확히 기억은 안 나지만 다시 확인해 보겠습니다.

최부장 그리고 우리가 추천한 Vender는 그쪽 분야의 특정 경험은 없지만 규모가 큰 업체입니다. 가능하면 관련 업체를 방문하셔서 발주처 입찰안내서에 포함된 인도 Vender 금액을 최대한 적용하여 주시기 바랍니다.

기계 LE 고려하겠습니다.

최부장 콘크리트 TANK가 MR에서 찾을 수 없던데 혹시 제외한 이유라도 있나요?

기계 LE 콘크리트 TANK는 기계팀 영역이 아니기 때문에 제외하였습니다. 단지 내부 장치만 포함했습니다.

최부장 토목팀은 콘크리트 TANK 물량에 콘크리트를 포함하셨는지요?

토목 LE 저희는 관련 정보를 받지 못해서 포함을 시키지 못했습니다.

구매기계 LE 죄송합니다. 저희가 미처 관련 정보를 보내지 못했습니다.

최부장 이정도 자재를 빼놓고 가면 프로젝트 수주에 승산은 있겠죠. 제외하고 가면 좋을 텐데. 기계팀은 제가 확인할 내용은 끝났고요, 최대한 금액적인 부분을 특히 고려하여 Vender를 선정하여 주시기 바랍니다. 그리고 토목 관련해서는 토공 물량이 엄청나던데, 왜 그렇게 토공 물량이 많은 건가요?

구매토목 LE 외부에서 오는 파이프라인 거리가 굉장히 멀어서요. 특히 계장 FOC 한 가닥도 별도로 땅을 파는 기준으로 시공을 하다 보니 토공 양이 많아진 것 같습니다.

최부장 제가 전기/계장팀이랑 협의한 사항 중에서 발주처 Specification

에서 확인한 사항은 계장 FOC는 전기 트랜치에 묻혀서 가는 걸로 기억을 하는데요. 더군다나 Specification은 토목팀에서 발견한 것으로 알고 있는데요.

구매계장 LE 초기 BOQ에 물량이 반영된 것 같네요.

구매 토목 LE는 기존에 접수한 최신 BOQ 내용을 확인하고 계장 LE의 사실이 맞다는 것을 확인한다.

구매토목 LE 맞네요. BOQ 내용을 수정하겠습니다.

최부장 건축도 소방서 빌딩 높이가 너무 높아서 조정을 했던 것 같은데요. BOQ 도면 수정해서 제출했나요?

구매건축 LE 네, 높이를 11m에서 8m로 줄여서 반영했습니다.

최부장 아직 미진한 부분이 많이 있는 것으로 알고 있는데 혹시 타 부서로부터 지금까지 받지 못한 정보가 있다면 금일 최종적으로 완료해 주시기 바랍니다.

구매건축 LE 저희 Main Substation의 Trench가 통과하는 Route을 잡지 못하고 있습니다. 계장팀에서 관련 정보를 주시기로 했는데 언제쯤 줄 수 있나요?

구매계장 LE 입찰 단계에서는 기존 자료를 이용해서 처리했으면 합니다. 사실 저희가 그런 사항까지는 입찰에서는 처리하기 힘듭니다.

구매건축 LE 네, 알겠습니다. 그리고 기계 LE 분께 지난번에도 부탁을 드렸지만 Compressor Shelter 관련해서 높이를 주라고 요청을 했는데 지금까지 받지 못했습니다. 언제 주실 수 있나요?

구매기계 LE 지난번에도 말씀을 드렸지만 Vender가 주지 않은 자료는 저희도 알 수 없습니다.

구매건축 LE 대략적으로라도 주실 수 없는지요?

기계 LE 없습니다.

최부장 회사 지침에 Vender가 주지 않으면 그냥 없는 것으로 되어 있나요?

기계 LE 모르겠는데요.

최부장 Compressor가 100t 짜리로 알고 있는데 지난번 했던 프로젝트 Compressor 타입과 크기가 비슷했던 것 같은데 그것으로 하면 안 되나요?

구매건축 LE 그럼 지난번 것과 동일한 사이즈로 하겠습니다.

최부장 여기에 앉아 계신 분들은 회사의 가장 중요한 일을 하고 있다고 생각합니다. 특히 금액에 관해서는 프로젝트 당락과 관련된 가장 중요한 사항이므로 최선을 다해주시기를 거듭 부탁드리며 금일 미팅은 마치겠습니다.

최부장은 금일 미팅에서 언급한 사항을 MOM으로 정리해서 회람하라고 지시하고 급하게 내일 시공 금액 미팅을 위해서 자료를 확인하기 시작한다.

16th week

최부장 어제 기자재 관련 내용을 다음 주까지 완료하면 좋겠어. 시간도 없고. 그리고 금액 관련된 사항은 극비로 유지할 수 있도록 신경 쓰고 내가 지시하기 전까지 금액 관련해서는 웹 디스크에 올리지 말고. 오늘 시공 미팅 내용도 중요하니까. 다음 주까지 둘 다 정리 잘 하라고.

김대리 네, 알겠습니다.

최부장 시공 미팅 시간 되었으면 가지.

김대리 네.

최부장 다들 바쁘심에도 불구하고 시공 미팅에 참석해 주셔서 감사합니다. 이제 입찰이 막바지에 다다랐으니 조금만 힘을 내서 마무리 부탁합니다.

시공 LE 네.

최부장 어제 입찰 구매와 협의하다 보니 잘못된 내용이 몇 가지 있어서 확인 부탁합니다. 토목 BOQ 내용이 변경된 것들이 많이 있을 겁니다. 시공팀에서 관련 BOQ 확인하시고 B사와 협의해서 관련 내용을 완료하여 주시기 바랍니다.

시공 LE 네.

최부장 이미 전달된 사항이겠지만 저희가 CM 업무를 담당하기로 한 것을 아실 겁니다. 사실 B사를 처음에 너무 믿고 입찰 전략을 짰는데 차후 알기는 했지만 B사가 규모에 비해서 플랜트 공사 실적이 없다 보니 리스크가 많아서 저희가 CM을 하는 것으로 하였습니다. 이번 입찰도 대부분 B사가 못하는 것에 대해서 저희가 적극 도와주기로 했으니 B사와 협의하에 업무를 잘 해주시기를 부탁드리고 본론으로 넘어가겠습니다.

최부장 숙소 및 사무실 관련 사항은 모두 완료되었습니까? 제가 보기에 아직 숙소 도면이 계속 변경되는 것으로 알고 있는데 특별히 문제가 있으신지요?

시공 LE 처음 작업한 내용과 숙소 들어가는 인원이 계속 변경되다 보니 확정이 늦어지고 있습니다. 현실적으로 저희가 CM을 한다고만 했지 조직도가 완료되지는 않은 것으로 알고 있습니다.

최부장 우리가 투입할 Construction Manager 10명만 반영하면 될 거예요. 관련 공간만 제외하고 다른 부분은 변함이 없으니 완료시켜 주세요.

시공 LE 그리고 B사가 운영할 TCN(Technician) 인원도 자꾸 변경이 되어서 관련 부분도 확정을 못 하고 있습니다. 그리고 우리 회사 숙소 사무실 기준과 B사에서 규정한 기준이 달라서 현재는 B사 기준으로 모두 작성이 되어 있습니다.

최부장 B사 기준과 뭐가 다르나요?

시공 LE 방과 사무실이 약간 작습니다.

최부장 그런 것은 우리 회사 기준으로 하는 것이 좋은 거 아닌가요? 돈을 아끼는 것도 좋지만 현장에서 몇 년 동안 일을 하려면 편의시설은 갖추고 있어야 할 것 같습니다. 혹시 스크린 골프 시설 있나요?

시공 LE 그런 것은 없고 농구장, 테니스 코트 정도 입니다.

최부장 숙소와 사무실은 가능하면 저희 회사 기준을 맞춰서 금액 및 도면을 완료하는 것이 좋겠습니다.

시공 LE 알겠습니다.

최부장 그리고 Ware House가 타 공사한 것에 비해서 작아 보이던데 좀 더 크게 지으면 안 되나요?

시공 LE 이번 프로젝트는 Laydown Area가 타 공사에 비해 70% 정도 밖에 안돼 부지를 활용하는 데 제약 조건이 많습니다.

최부장 이러한 사항을 고려해서 시공 스케줄이 작성되었나요?

시공 LE 그렇지는 않은 것으로 알고 있는데요.

최부장 김대리, 금일 미팅 끝나고 스케줄팀이랑 시공팀이랑 스케줄 검토 미팅을 잡으라고.

시공 LE 이런 세부적인 내용은 저희가 알기 어렵습니다. B사 공사 범위로 되어 있어서 저희는 단순 검토만 하다 보니 자세한 사항을 확인하기는 힘듭니다.

최부장 그렇다고 이런 중요한 사항을 검토하지 않고 넘어갈 수는 없어요. 최대한 B사와 협의하에 검토하시고 금주에 관련 사항을 알려주시기 바랍니다.

시공 LE 알겠습니다.

최부장 Warehouse는 효율적인 사용을 위해서 필요한 선반을 설치하여 주시기 바랍니다. 저희 프로젝트에 건물들이 많이 있으니 건물 중에서 초기에 창고로 활용할 수 있는 건물을 먼저 짓는 전략도 고려하여 주시기 바랍니다.

시공 LE 네.

최부장 하나만 더하고 저는 마치겠습니다. 시간이 많지가 않네요. 기존 CDU TANK Repair 관련 범위가 있는데, 그 부분의 공사 금액은 모두 산출이 되었나요?

시공기계 LE 제가 알기로는 지난번 현지 조사 사진과 입찰 요구 사항에 첨부된 내용을 가지고 입찰 금액을 B사가 만든 것으로 알고 있습니다.

최부장 금액이 얼마 정도 되나요?

시공기계 LE 200억 정도 됩니다.

최부장 금액이 너무 큰 거 아닌가요? 혹시 세부 내용을 아시나요?

시공기계 LE 제가 B사로부터 받은 절차서 확인 사항을 말하자면 현재 탱크의 바닥 슬러지[120]를 모두 제거하여야 하며, 현재 기름이 유출

---

[120] 슬러지(Sludge): 탱크에 계속적으로 오일을 채우다 보면 나중에 가라앉는 것들이 바닥에 쌓이는데 찌꺼기를 슬러지라고 한다.

된 것으로 보아서는 바닥에 구멍이 난 것으로 보아 바닥을 모두 바꾸는 기준인 것 같습니다. 탱크 지붕도 너무 낡아서 교체하는 기준입니다.

최부장 이런 일을 B사가 할 수 있을까요?

시공기계 LE 글쎄요.

최부장 제가 탱크 개선[121] 분야에 전문 업체를 소개해 줄 테니 관련 회사로부터 정보를 받아서 재 검토하시는 것이 좋을 듯합니다.

시공기계 LE 그렇게 하겠습니다.

최부장 금일 미팅은 다들 수고하셨고 다음 주까지 관련 사항을 모두 완료하여 주시기 바랍니다.

최부장은 김대리에게 MOM 작성해서 배포하고 오늘 못한 시공 스케줄 점검회의도 금주 금요일에 하겠다고 예약 지시를 한다.

김대리 시공 스케줄팀 미팅 소집되었습니다.

최부장 스케줄팀은 최종 Detailed Schedule이 완료되었는지요?

스케줄팀 네, 부서 코멘트 모두 반영 완료했습니다.

최부장 그럼 제가 몇 가지 체크 사항을 확인하겠습니다. 현재 Lay down Area가 부족해서 평상시보다 자재를 적절한 Timing에 현장에 도착하고 최대한 현장에 보관하는 것을 지양해야 하는데 이러한 사항이 고려되었습니까?

스케줄팀 입찰 스케줄이다 보니 그런 자세한 사항은 반영하지 못했습

---

[121] **탱크 개선**(Tank Revamping): 기존 설비를 개선 및 개조하는 것.

니다.

최부장 이번 프로젝트는 아시겠지만 Technical 점수 비중이 높아 특별히 모든 기술적 상황을 고려하여 세심한 작업을 하고 있으니 좀 더 신경을 써 주시기 바랍니다.

스케줄팀 네.

최부장 제가 검토해 보니까 리액터에 들어가는 백금 촉매가 10개월째에 구매 요청이 나가는 것으로 되어 있던데 혹시 너무 빠르게 나가는 거 아닌가요?

스케줄팀 제조 기간이 길어서 그렇습니다.

최부장 사실 백금 촉매는 시운전 전에만 들어오면 공사 스케줄상 문제가 없습니다. 그리고 Vender가 보유하고 있는 경우도 있고 제작 기간도 5개월이면 되는 것으로 제가 알고 있습니다. 확인 후 스케줄 조정 부탁드립니다.

스케줄팀 네, 공정팀과 최종 협의 후 반영하도록 하겠습니다.

최부장 Tank Shell은 제조업체가 한 번에 제조해서 보내주지 않고 Batch별로 2회, 3회 정도로 나누어서 현장으로 보내주는 것으로 알고 있는데 현장 대기 시간을 최대한 줄이는 방법으로 Tank 제조사와 현장 도착 시점을 조정하여 주시기 바랍니다.

스케줄팀 네, 알겠습니다. 다른 것들도 대부분 비슷한 상황으로 알고 있습니다. 담당 LE 분들과 협의해서 조정을 하도록 하겠습니다.

최부장 제가 지난번 프로젝트에서 Compressor 조립 중에 현장에 설치된 Overhead Crain[122]을 이용해서 공사를 수행하려고 했는데

---

[122] Overhead Crain: 기계가 무거운 경우 고장 수리를 위해서 천정에 설치하는 장비.

기계는 자기들 것이라고 다른 장비를 이용해서 하라고 해서 Block Chain을 걸어서 설비를 설치하다 보니까 너무 힘들게 일을 한 적이 있는데 이런 경우를 대비해서 저희가 조치를 취할 수 있는 방법이 있나요?

스케줄팀 먼저 전기나 안전 공사가 완료되어 있으면 발주처에서 가끔 허락하기도 하지만 준비가 되어 있지 않으면 안전상 이유로 장비 설치를 불허하는 경우가 많이 있습니다. 불안하시면 Schedule Basis나 입찰 Basis 관련 사항을 미리 확인 받으면 쉽게 해결이 될 듯합니다.

최부장 스케줄팀에서 미리 발주처에 요청한 사항에 대해서는 고려해서 관련 문구를 Basis에 넣어 주시기 바랍니다.

스케줄팀 이러한 내용도 부서 회람을 통해서 한번 더 확인한 후에 반영을 하도록 하겠습니다.

최부장 그리고 저희가 반영한 사항에 대해서는 B사가 정확히 이해를 할 수 있도록 관련 내용을 MOM으로 작성해서 B사에 통보하여 주셨으면 합니다.

스케줄팀 관련 내용을 작성해서 PM팀으로 보내겠습니다. 확인 후 직접 보내주는 것이 좋을 듯합니다. 아시겠지만 저희도 힘든 상황인데 주객이 전도되어 직접 B사 스케줄 LE와 협의하는 것이 나을지도 모르겠습니다.

최부장 알겠습니다. 관련 내용 작성하시고 파일 주시면 제가 모두 전달하도록 하겠습니다. 마지막으로 하나만 더 부탁드리겠습니다. 현재 건물들이 많이 있는 것으로 알고 있는데 초기에 쉽게 지을 수 있는 건물이 있으면 미리 시공을 할 수 있도록 부탁합니다. 저희

Warehouse가 적다 보니 필요하면 잠깐 창고로 활용을 할 수 있으면 합니다.

스케줄팀 필요한 내용을 확인 후 관련 내용도 가능하면 반영하겠습니다.

최부장 오늘 참석해 주셔서 감사합니다. 시공에서 비록 저희가 CM만 담당하지만 최대한 입찰 기간에는 시공 전반에 걸쳐서 전략을 수립하여 주시기 당부드립니다.

김대리 영업팀에서 저희 입찰 공문을 받아 가라고 전화가 와서 잠시 다녀오겠습니다.

허사원 헉! 두려운 공문이네요.

최부장 뭐 특별할 게 있나? 입찰이나 연장해 주면 좋을 텐데. 갔다 와서 보고해.

김대리 네.

김대리 다음 주 발주처에서 우리 Technical을 기반으로 발주처가 요청한 분야에 대해서 현지에서 전략과 내용을 발표하라는 Letter입니다. 특히 발주처가 정해준 Project key Person에 대해서는 미리 심사한다고 발주처가 보내준 Format으로 이력서를 작성해서 모두 현지에서 인터뷰를 실시한다고 합니다. 혹시 못 하는 인원에 대해서는 화상으로 한다고 준비를 하랍니다. 인터뷰에서 disqualified 된 Key Person은 Alternative Person으로 대처할 수 있도록 준비를 하라는 내용입니다. 사실 이 많은 인원에 대해서 비용도 잡아 놓지 않았는데 어떻게 하죠?

최부장 우선은 우리가 PT할 분야를 먼저 확인하자고. 우리는 프로젝트 설계, 스케줄, 리스크, QA/QC, 시운전은 우리가 준비하면 되고 나머지 HSE, 시공 분야는 B사에서 PT를 준비하면 되겠네. 김대리가 허사원에게 필요한 PPT Template 만들라고 시키고 완료되면 관련 팀들에게 배포하고 B사에도 알려 주고.

김대리 네.

최부장 그리고 이력서는 발주처에서 보내온 양식으로 다시 작성해서 달라고 하고.

김대리 네, 알겠습니다.

최부장 미팅은 내일 가능할까?

김대리 부서에 관련 내용 배포 후 우선 자료를 먼저 받은 후에 최종적으로 검토 미팅을 하는 것이 좋을 듯합니다.

최부장 김대리 생각대로 하고 PM팀 모두는 다음 주까지 부서가 만든 PPT뿐 아니라 우리가 해야 할 내용에 대해서 각자 확인하고 열심히 하라고. 사실 입찰서 완료하기도 힘든 시점에서 여러 명이 발주처 미팅 가는 것은 너무나 리스크가 커서 걱정이 되네.

PM팀 네, 부장님.

최부장 PM팀은 입찰서 준비와 더불어 다음 주 발주처 미팅 준비를 하려면 각자 시간 관리를 철저히 하는 것이 좋을 거야. 그리고 PPT 취합은 김대리가 책임지고 내일까지 1차 완료하고 다음 날은 부서와 전체 미팅을 하고 마지막 날은 최종 정리를 하고 출발할 수 있도록 해줘. 그리고 나사원이 이력서 관련 업무는 전담하라고.

나사원 네, 부장님.

최부장 내가 알려주는 7명은 출장 가서 Interview를 할 것이고 나머지는 웹 캠으로 Interview를 할 것이니까 Key Person 외에도 만약을 위해서 Interview 시간을 잘 공지해 주면 될 거야. 정확한 시간은 내가 현지에서 알려 줄 거야.

나사원 네, 부장님.

최부장 김대리, 부서로부터 접수된 PT 있어?

김대리 IT LE가 보내온 자료가 있는데요. 관련 내용이 너무 빈약해서 다시 보강을 요청했습니다.

최부장 그리고 다른 팀은?

김대리 스케줄 LE가 작성해 온 내용은 나름 잘해 와서 조금만 수정하면 될 거 같습니다.

최부장 혹시 B사가 보내온 자료 있어?

김대리 B사에서 할 수 있을까요?

최부장 그러면 우리 시공팀에 요청을 하라고.

김대리 네, 알겠습니다.

최부장 이번 발주처 미팅에서 리스크 LE와 IT LE는 가능하면 대면 인터뷰를 발주처가 원하고 있으니까 PT도 할 겸 함께 갈 거니까 김대리가 관련 내용을 전해 주라고 발표한 자료는 각자 PT 준비를 해오라고 전달도 하고.

김대리 네, 알겠습니다.

최부장 내일은 전체 미팅을 할 수 있도록 현재까지 한 자료를 다시 팀에 보내서 최종 정리한 내용을 가져와서 발표를 하라고 하고.

김대리 네.

· · ·

최부장 금일 미팅에 참석하신 분들께서는 다음 주에 함께 인터뷰를 하러 가실 분들도 있고 본사에서 하실 분들도 있을 겁니다. 제가 알기로는 인터뷰는 다들 보신 경험이 있는 것으로 알고 있기 때문에 생략하고 PT 자료를 위주로 미팅을 진행하겠습니다.

품질 LE 부장님, 질문이 있는데요 사실은 제가 수행한 프로젝트는 대부분 오래 지나서 생각이 나지 않는데 어떻게 대답을 해야 할지 모르겠네요.

최부장 저도 이해가 충분히 가는 바입니다. 아마도 여기 있는 분들 대부분 한두 개는 오래돼서 기억이 없을 것으로 생각이 됩니다. 그런데 회사가 LL(Lessons Learned) 시스템을 구축해서 운영 중인 것으로 알고 있습니다. 관련 내용을 요청하면 필요한 내용을 보내 주는 것으로 알고 있으니 기억이 희미한 경우는 꼭 한번 확인을 해 보시고 인터뷰에 임해 주시기 바랍니다.

품질 LE 네, 확인하겠습니다.

최부장 혹시 이력서 관련해서 문의 사항 있으신지요?

공무 LE 안녕하세요? 저는 사실 예상하지 못했던 인터뷰고 제가 솔직히 영어에 자신이 없어서요. 저를 다른 분으로 교체하여 주셨으면 합니다.

최부장 Alternative로 제출하신 분은 어떤가요?

공무 LE 그분이라면 해외 현장 경험이 많아서 가능할 것입니다.

최부장 그럼 연락을 취해서 그분이 Key Person으로 인터뷰에 응하도록 하시고 공무 LE께서는 후보로 하시지요.

공무 LE 네, 알겠습니다.

최부장 시공 분야 중에서 공사 부장은 우리가 Key person으로 하기로 했는데 혹시 공사 부장 왔나요?

김대리 공사 부장 관련해서는 현장에서 업무를 수행 중이라 참석이 어렵답니다.

최부장 무슨 소리야? 다시 현장에 이야기해서 다음 주 인터뷰 갈 준비하라고 하고 관련 문서는 보내줘.

김대리 네, 알겠습니다.

최부장 대충 인터뷰 관련해서는 여기까지만 하겠습니다. 사실 걱정하신 분들도 조금은 있겠지만 다들 이런 경험이 한두 번 이상은 있는 것으로 알고 있기 때문에 잘 대처하실 줄로 믿습니다. 그리고 작성해 놓은 PPT를 보면서 PT 내용을 검토하도록 하겠습니다.

김대리 어떤 분야부터 시작하나요?

최부장 우선 스케줄 LE가 작성한 내용을 발표해 주세요.

스케줄 LE 발주처에서 주로 PT 요청한 내용은 공정관리 Tool 활용 내용과 공정관리에 연동되어 움직이는 내용에 관한 것이 대부분입니다. 그리고 스케줄을 작성할 때 복잡한 로직[123]을 잘 이해하고 연결이 가능 한지에 대한 무결점 측면을 요청받았습니다. 저희는 이미 스케줄 관련해서 당연히 스케줄 Tool과 PMS[124]를 연동해서 사용하고 있기 때문에 과거 프로젝트에서 수행한 내용을 기준으로 작성했습니다. 그리고 스케줄 로직 관련해서도 저희 회사가 가지고 있는 표준 로직을 첨부해서 이 정도면 특별히 문제가 없을 것으로 여겨집니다.

최부장 스케줄 LE는 이번 발주처 미팅에 참석 가능하시죠?

스케줄 LE 요청하시면 함께 가는 것으로 하겠습니다.

최부장 IT 파워포인트 자료 설명 부탁합니다.

IT LE 안녕하세요? 저는 EDMS 관련 담당자입니다. 이번 프로젝트는

---

[123] **로직**(Logic): 아이템의 선행과 후행을 연결하는 방법.
[124] **PMS**(Progress Measurement System): Activity마다 성과를 측정 계산할 수 있도록 발주처와 협의를 함.

전반적인 우리 회사의 IT system과 특별히 EDMS 관련해서 문서 관리, 그리고 Handover에 대해서 요청을 받았습니다. 사실 제가 아는 부분은 EDMS 내용이 주이기 때문에 혹시 다른 분야에 대해서는 상세 설명은 어렵고 우리 회사가 보유하고 있는 관련 Manual을 보여 주는 정도로 생각하고 있습니다.

최부장 알겠습니다. 필요한 Manual을 저희가 별도로 요청해야 하나요?

IT LE 저에게 관련 List 주시면 IT팀과 협의해서 UBS로 가지고 가도록 하겠습니다.

최부장 네, 우선 준비한 자료만 발표해 주시기 바랍니다.

IT LE EDMS 관련 내용은 대부분 아시는 분야임으로 파워포인트 자료만 보여 주면서 넘어가겠습니다. 그리고 Handover 관련해서는 저희가 해외 프로젝트 관련해서 몇 번의 경험을 보유하고 있기 때문에 관련 자료를 첨부했고, 저희 EDMS 시스템도 Meta Tag를 이용해서 시스템 간 Import/Export 가능하기 때문에 Handover 하는데는 특별히 문제가 없습니다.

최부장 네, 설명 감사합니다. 김대리, 시공 관련해서 B사에서 보내 준 것 있어?

김대리 네, 현장 조직도, 현장인원 동원 계획표, 그리고 현장에서 조사한 육로운송 방법 정도가 있습니다.

최부장 공사부장님은 못 오셨나요? 혹시 대신해서 오신 분 있으시면 시공 준비 사항 발표해 주시기 바랍니다.

시공 LE 네, 시공은 제가 작성한 내용을 발표하겠습니다. 시공은 외부에서 철골을 조달하기 힘든 상황이기 때문에 현지에서 직접 Precast 해서 공사를 진행하는 것으로 기본 전략을 세웠습니다. 그리고 최대한 저희 Management 인원을 동원해서 B사의 시공을 돕는 것으로 저희가 전략을 가져 가도록 작성을 했습니다.

최부장 알겠습니다. 마지막으로 리스크팀 발표해 주시기 바랍니다.

리스크 LE 리스크는 저희가 작성한 리스크 절차서의 내용을 기준으로 만들었고 특별한 사항은 없습니다.

최부장 리스크도 이번 미팅에서 Mandatory로 참석을 해야 하는 것으로 알고 있는데 함께 가실 거죠?

리스크 LE 죄송합니다. 제가 이미 그날은 스케줄이 잡혀 있어서 갈 수가 없습니다. PM팀에서 직접 발표를 해 주셔도 되는데요.

최부장 면접은 화상 면접으로 보실 건가요?

리스크 LE 네, 그렇게 하겠습니다.

최부장 조과장이 PMP 자격증이 있으니까 이번 출장은 조과장이 가서 리스크를 발표하는 것으로 하자고.

조과장 전 준비 못 했는데요.

최부장 하여튼 준비해서 조과장이 하고 금일 미팅은 특별한 사항이 없으면 마치고 철저한 준비 부탁합니다. 감사합니다.

Quick Tips!

수주의 승패는 내부 설계 정보의 정확도에 달려 있다.

수주를 위해서 가장 중요한 요인은 금액을 가장 낮게 제시하는 것이라 해도 과언은 아니다. 누구나 아는 사실인데도 가격을 최저가로 제출하고 수주까지 연결하는 것은 정말 쉬운 일이 아니다. 가격을 결정하는 요인은 정말 많이 있다. 그러나 가장 큰 요인 중 하나는 설계 물량을 산출할 때 필요한 물량에다 차후 수주 시 물량 부족을 염려해서 엔지니어가 과도하게 안전율을 높여서 설계 물량을 산출하는 경우가 많이 있다. 가령 플랜트 바닥에 콘크리트를 모두 사용할 필요가 없는 물량을 포함시키는 경우라든가, 철골 두께를 필요 없이 두껍게 설계한다든가, 사다리 안전관리 시설을 하기 위한 잡철의 양을 과도하게 잡는다든가, 필요 없이 전기 케이블의 여유를 준다든가 하는 많은 요인들이 있을 것이다. 과거에는 이러한 일이 발생해도 인건비에서 적절히 보존이 되지만 우리 현실은 중국이나 인도와 경쟁을 위해서는 절대적으로 정확한 설계 물량을 반영하는 것이 중요하며 심지어는 필요 없다고 생각하는 물량에 대해서는 과감히 제거하는 노력이 수반되어야 입찰에 최종 승자가 될 수 있다.

16th week

17th week

설계 금액 산출

17th week

최부장 김대리, 입찰 설계 금액은 최종 집계가 되었나?

김대리 네, 부장님.

최부장 부서별 설계 금액 비율을 알 수 있나?

김대리 프로젝트 8%, 공정 10%, 토목 12%, 배관 22%, 전기 11%, 계장 12%, IT 10%, HVAC 5%, 빌딩 5%, 경비 3%, 기타 2% 비율입니다.

최부장 설계가 프로젝트에 차지하는 비율은 어느 정도인지?

김대리 7% 정도입니다.

최부장 이번에는 설계 비용이 많이 나올지 알았는데 생각보다 적게 나왔네. 혹시 설계 비용이 해외 파견 Base로 작성된 건가?

김대리 저희가 과거에 사용했던 입찰 설계 수식을 적용해서 아직 본사 기준으로 금액이 작성되었을 듯합니다.

최부장 그래서 금액이 적게 나오는 것 같군. 사실 10% 정도 나올 것을 예상했는데 통상적으로 우리가 알고 있는 비율로 금액이 나오는 것이 좀 이상하다 했는데 아직 수식을 반영하지 않은 거군.

김대리 죄송합니다. 제가 수식을 한 번 더 확인을 했어야 했는데 기존에 사용한 Form에 부서에서 접수한 인원만 반영하는 바람에 착오가 있는 것 같습니다.

최부장 관련 수식은 고치면 되는 거고 IT 관련해서는 부서로부터 모두 비용을 받은 건가? 혹시 Internet은 위성을 쓰는지? LAN Cable을 설치해야 하나?

김대리 현장이 도시와 가까워 LAN Cable 사용 금액으로 IT 금액에 반영이 되었습니다.

최부장 속도는 어느 정도지?

김대리 10Mega 정도로 알고 있습니다.

최부장 그 정도 속도면 현장에서 EDMS, 3D System, 기자재 관리 시스템, 기타 시스템을 사용하기에는 너무 속도가 느려 보이는데. 우리가 현장에서 설계를 하는 것을 감안하면 IT 속도는 최대한 보장을 하는 선에서 금액을 반영해 줘.

김대리 네, 부장님. 금액 검토 후 속도를 2배 정도로 올리는 방향으로 검토하겠습니다.

최부장 Software List는? IT팀에서 최종 금액 받았어?

김대리 네, 받아서 입력했습니다.

최부장 Software 금액도 늘 확인하면 중복으로 들어가는 경우가 많던데 이번에는 잘했는지 모르겠어. 일단 설계로 넘어가지.

김대리 네.

최부장 설계 인원은 적절히 투입한 건가?

김대리 현재는 부서가 제출한 인력 동원 계획을 반영한 상태입니다. 별도 부서가 제출한 M/H 비용을 조정한 사항은 없습니다.

최부장 사실 늘 부서의 설계 비용은 과다 책정해서 오는 경향이 있지. 부서가 준 금액에 30% 정도를 조정해야 우리가 입찰에 제출하는 적정가가 나오는 경우가 많아. 아마도 이번에도 유사할 것으로 생각이 되는 데 확인이 필요해 보여.

김대리 저희가 설계 비용을 줄이는 방법이 있나요?

최부장 우선적으로 설계 인원이 스케줄 기간에 투입이 되는지를 잘 봐야겠지. 우리 프로젝트가 36개월임을 감안할 때 설계 엔지니어가 특별한 이유 없이 20개월 이후에 인원 투입이 돼 있으면 인원을 삭제하는 것으로 하고 초기 5개월은 사실 상황에 따라 꼭 필요한 설계 인원만을 투입하는 것으로 설계 비용을 아낄 수 있을 거야. 그리고 부서가 제출한 M/H 계산 수식을 보면 하나의 성과품에 얼마나 많은 인원을 투입했는지 확인하면 되는 거지.

김대리 설계 비용을 산출하는 것도 쉬운 일은 아닌 듯합니다.

최부장 그리고 우리가 현장에 체류하면서 모든 설계를 하려면 입찰 설계 비용이 너무 높아서 전략상 대부분 외주로 처리하기로 했는데 혹시 외주 비용 반영이 얼마나 되었나?

김대리 제가 알기로는 아직 외주 설계 비용은 반영이 안 된 듯합니다.

최부장 그럼 그렇지. 설계 금액이 너무 적게 나와서 이상하다 했더니 현장 외주 설계 비용이 반영되지 않은 거네. 내가 현지 설계 회사 인원 동원 받은 내용을 다시 줄 테니까 설계 관련 금액을 반영해서 다시 검토하는 것으로 하자고.

김대리 알겠습니다.

최부장 마지막으로 세금 관련된 사항은 모두 검토했나? 세무팀에서 제공한 산재보험료율, 법인세, 기타 세금 등은 모두 반영했어?

김대리 네, 반영되었습니다.

최부장 이중과세 방지협약 List에 인도네시아 확인했나?

김대리 아직 못했습니다.

최부장 확인해서 혹시 List에 들어있으면 우리 설계 인원은 우리나라에서 세금을 내면 되기 때문에 현장에 파견 인원에 대해서 별도 세금은 포함하지 말라고.

김대리 네, 확인하겠습니다.

최부장 그리고 우리 도면에 Tax Free Zone이 표시되어 있었는데 Free Zone 관련해서 관세는 잘 계산되었지?

김대리 네, 제가 듣기로는 입찰구매팀에서 관련 내용을 확인했고 관세는 제외했다고 들었습니다.

최부장 김대리가 자신 있게 대답하는 것으로 봐서 세금 관련 사항은 믿고 넘어가는 것으로 하지. 설계 비용 검토할 때는 늘 유사 프로젝트 금액들과 비교하면서 보면 이해도 쉽고 엔지니어의 인원 투입을 협상할 때도 합리적인 지표가 있으면 손쉽게 금액을 산출할 수 있지.

아침부터 영업팀 사원이 FAX Letter 공문을 조과장에게 놓고 간다. 조과장은 공문을 보더니 깜짝 놀란다. 전체 100점 만점에 Technical 70점, Commercial 은 30점이었다. 그리고 합쳐서 70점 미만은 DQ였다. 그리고 Technical 중에서도 Chapter 2 설계, Chapter 6 시공 분야는 각각 15점이고 나머지 Chapter는 균등하게 배분이 되어 있었다. 발주처가 이번 입찰 평가 항목을 모든 Bidder에게 알려준 것이다. 조과장은 공문을 들고 최부장에게 가서 알린다.

17th week

최부장 허사원, 관련 공문 첨부해서 우리 프로젝트 관련된 모든 담당자들에게 한 명도 빠짐없이 미팅에 참석하라고 전달해. 미팅룸은 20명 이상이 참석하려면 큰 곳으로 예약을 해야 할거야. 그리고 공문은 B사에도 이메일로 알려 주도록 해.

허사원 네, 부장님.

최부장 안녕하세요. 점심 식사 후 좀 쉬셔야 하는데 이렇게 급하게 미팅을 공지해서 미안합니다. 발주처 공문을 보셔서 알겠지만 보통 대부분 해외 입찰에서는 Technical Bid는 단순히 입찰 시 통과의례이며 통과된 업체에 한해서 Commercial Bid 금액 중에서 특별한 사유가 없는 한 최저가를 제출한 Bidder가 입찰의 승리자로 되는 경향이 있는데 이번에는 Technical 점수가 전체 70%나 된다는 사실이 보통 입찰과는 다른 점입니다.

특히 이번 입찰에서는 가격 경쟁력이 있는 중국과 선진사가 있어서 저희가 불리한 입장이라 할 수 있습니다. 그래도 희망적인 점은 중국 회사의 Technical 점수보다 우리 회사의 점수가 높을 것으로 예상됩니다. 이번 프로젝트에서는 가장 어려운 경쟁 상대는 아마도 선진사가 될 것입니다. 물론 국내사들도 Technical에 강하기 때문에 안심할 처지는 아닙니다. 그리고 Technical 점수 중에서 설계와 시공 관련된 부분을 합치면 30점이나 되기 때문에 설계는 저희가 최선을 다한다 하지만 시공 부분은 한계가 있다는 것이 걱정이네요. 시공팀은 적극적으로 B사와 Chapter 6 내용을 심도 있게 협의해서 입찰안내서에 따라 High Quality 입찰제안서 작성을 특별히 부탁드리겠습니다.

이대리 Chapter 2는 제가 담당하고 있는데 관련 부분에서 가장 Main이 되는 내용이라면 Engineering Execution Procedure라고 생각이 됩니다. 지금은 제가 보니까 PQ 자료를 그대로 Copy한 수준이던데 좀 빈약해 보입니다. 그래서 저의 의견은 입찰안내서 안에 포함된 Engineering Execution Procedure가 무려 80page이고 내용으로 볼 때 인도네시아 프로젝트에 맞추어 작성된 것으로 볼 때 작성 기준을 발주처 것을 기본으로 해서 수정하는 것이 좋을 듯 합니다.

최부장 그래! 좋은 의견이기는 한데 내가 보기에는 PQ 당시에 제출한 내용이 우리가 주장한 내용이고 특화된 내용이 많아서 기본은 PQ 당시 제출한 내용이 기본이 되었으면 합니다.

이대리 네, 알겠습니다.

조과장 이것은 제 생각인데요. 이번 프로젝트는 발주처가 3D Model을 저희에게 제공을 했습니다. 그런데 Engineering 부서에서 검토를 해 보니 발주처가 제공한 도면과 상당한 차이가 있고 3D Model 상에 현장 상황과 맞지 않는 사례들이 많이 있었습니다. 결론적으로 이러한 검토된 내용을 화면 캡처해서 Engineering Execution Procedure 안에 포함된 리스크 부분에 삽입하면 좋을 듯합니다.

최부장 그러면 3D Model 시스템 관리는 배관에서 총괄하니까 문제되는 설계 부분을 배관팀에 알려주면 배관팀 담당자는 화면 Capture 후 관련 부분을 담당 LE에게 송부하여 주시기 바랍니다. 저희는 별도로 관련 Form을 배포하겠습니다. 보내드린 Form에 맞추어 자료 제출 부탁합니다.

배관 LE 네, 알겠습니다.

최부장 전체적으로 금액보다는 기술 점수가 중요합니다. 다들 담당하고 있는 Technical 문서에 대해서 신경을 많이 써 주시기 바랍니다.

Quick Tips!

초보 입찰 PM 참고사항입니다

처음 하는 입찰 PM은 설계 비용을 산출하는 데에 너무 많은 시간을 투입하는 경우가 있다. 정말 하나하나 알고 넘어가려면 이해해야 할 부분이 정말 많다. 세금, 환율, 출장비, 경비 심지어는 비행기 좌석까지 모두 확인해서 Business 좌석, Economic 좌석, 직급에 따른 직원 단가 등 정말로 조사해야 될 많은 정보가 있다. 그러나 기간이 충분하다면 금액을 확실히 확인하고 넘어가는 것이 맞지만 입찰 기간은 한정적이기 때문에 이러한 설계 비용을 산출하는 데 이틀 이상을 소요해서는 안 되며 더 이상 걸린다면 아마도 초보 PM이 될 것이다. 우선 해야 될 일은 중요한 구매 비용, 시공 비용 등을 우선적으로 검토한 이후 설계 비용을 산출해야 할 것이다. 프로젝트의 전체 비율로 따지면 5%도 안 되는 비용을 산출하는 데 전력 질주를 한다면 다른 곳에서 허점이 생길 수 있다는 것을 명심해야 된다.

입찰 연장 1주일

18th week

최부장 입찰 제출 마감 15일 동안 우리 회사와 B사가 함께 모여서 최종 마무리 작업을 하는 것으로 경영층 협조를 받았어. 나사원이 B사와 원격화상회의를 요청하는 이메일을 즉시 B사에 발송해 줘. B사와 공동 작업하는 내용의 안건으로 미팅장소는 우리 본사나 B사 본사 중 협의해서 정하는 내용의 이메일을 보내고, 급하니 답신을 위해서 전화로 확인 부탁해.

나사원 네, 부장님.

최부장 그리고 이번 미팅은 내가 못 들어가니까 조과장이 직접 B사 코디네이터(Coordinator)와 장소 및 인원 구성 TFT 문제에 관하여 긴급 타진을 하고.

조과장 네.

나사원은 조과장에게 전화 미팅 준비가 되었다고 보고를 한다. 조과장은 미팅에 나사원과 함께 들어간다. 우선 현재까지 별도로 입찰을 준비했으나 촉박한 입찰 기간으로 한 곳에서 공동으로 함께 일을 하는 방안에 대해 우리 회사는 현재 결재가 진행 중이라고 하면서 B사에게 의견을 구한다. 물론 자기들도 현재 입찰이 늦어진 것에 대해서 심각하게 고민하고 있다고 털어놨다. 그리고 장소는 B사가 조직을 꾸려서 한국에서 하는 것이 좀 더 자기들 입장에서는 편할 것 같다고 했으며 금일 협의한 모든 내용을 B사 경영진과 협의를 해 보겠다고 했다. 또한 관련 내용은 이메일로 답신을 주겠다고 하고서 전화 미팅을 마쳤다.

그리고 나사원은 B사와 협의한 내용을 구두로 최부장에게 보고를 했다. 최부장은 이메일 답신을 오늘까지 확인해서 결론을 내라고 했다. 그리고 오후에 TF팀 관련해서 답신이 왔다. 우리가 B사에 가서 하는 것이 좋을 것 같다는 내용이었다. 나사원은 다시 이메일 내용을 최부장에게 보고했다. 최부장은 잘 알았다고 하면서 B사에서 TF를 꾸리기 위한 관련 사항을 준비하라고 했다. 우선 현지에 갈 인원을 우리는 7명으로 예상했다.

최부장 현지 TF로 가서 일할 인원을 이메일로 보냈나? 확인하고 출장 상신 부탁해.

조과장 네, 확인하고 바로 결재 문서로 올리겠습니다.

최부장 비자 없는 직원은 우선적으로 비자 준비하고 현지에는 우리가 사용할 수 있는 숙소와 사무실 프린트 등을 B사에 협조 요청해.

조과장 인도네시아는 무비자 가능한 나라 아닌가요?

최부장 물론 3개월 무비자가 가능한데 업무상 입국 시는 비자를 별도로 받아야 할 거야. 현지 입국장에서 받는 방법도 있었던 것 같기도 한데 일단 공식적으로 3개월 단수 비자를 받으라고.

조과장 네, 알겠습니다. 나사원, 내가 7명의 명단을 줄 테니까 인도네시아 비자가 없는 인원을 조사해서 비자 발급 부서와 협의하고 즉각 발급될 수 있도록 해줘.

나사원 네, 과장님.

조과장 그리고 현지 B사에 이메일을 보내서 인터넷 연결된 보안 사무실을 준비해 달라고 요청해. 그리고 추가로 필요한 장비도 확인하고, 가령 프린터, 데스크탑 컴퓨터 등은 필수 품목이고 더 필요한 것이 있으면 잘 정리해서 B사에 요청을 하면 좋을 듯해.

나사원 네, 알겠습니다. 혹시 저희 숙식은 어떻게 확인을 해야 할지 알려주실 수 있나요?

조과장 아마도 부장님께서 현지 조사 때 머물렀던 호텔이 가격도 싸고 우리 인도네시아 지사와 가까워서 그쪽을 부장님께서 생각을 하고 있는 것 같기는 하던데, 일단 숙식 관련도 B사 코디네이터에게 협조를 구해보라고. 더 저렴한 곳을 추천해 줄 수 있을지도 모르니까.

나사원 네, 과장님 확인 후 보고드리겠습니다.

다음 날 나사원은 현지 사무실 및 숙식 관련해서 B사로부터 대부분 긍정적인 답변을 받았고 호텔은 B사에서 10분 떨어진 거리이고 정말 저렴한 호텔로 추천을 받았다. 그리고 이러한 사실을 조과장에게 모두 보고를 한다. 그리고 이러한 사항은 조과장이 최부장에게 보고 후 나사원을 포함한 7명에게 관련 정보를 공유한다.

나사원 조과장님, 7명 명단에 김대리님이 빠져 있는데 혹시 함께 안 가는 특별한 이유가 있나요?

조과장 영업부에서 인원 3명을 지원해 줘서 1명은 본사 지원을 하는 것이 좋다고 판단해서 김대리가 남게 되었어.

나사원 네, 그런 사연이 있었네요.

최부장 김대리가 회의실 하나 잡아줘. 출장자 모두 포함해서 다음 주 출장 관련 회의를 할 거야.

김대리 네, 부장님.

최부장 다음 주부터 2주간 출장을 갈 건데, 다들 맡은 바 역무를 알려주려고 오늘 미팅을 갖는 거야. 잘 모르는 사항이 있으면 지체 없이 확인들 하라고. 허사원은 기존에 준비했던 Chapter 1과 김대리가 맡았던 Chapter 3이 완성도가 높으니까 맡으면 될 거야. 특히 Chapter 3은 중요한 장이기도 하고 현지 스케줄 담당과 본사 스케줄 담당 코디네이션을 잘해야 할 거야.

허사원 네, 알겠습니다.

최부장 김대리는 Chapter 2를 PQ 때 작성한 내용을 토대로 책임지고 완성하고, 본사에서 정리할 내용은 남은 기간에 모두 정리하고, 추가로 Chapter 4 설계 관리를 맡으면 좋겠어.

김대리 네, 알겠습니다.

최부장 조과장은 제일 어려운 Chapter를 해야 하는데 뭐가 가장 어렵나? Chapter 5 그리고 가장 현장에서 B사와 많이 협의할 Chapter 6 시공 분야를 맡아죠. 그리고 Chapter 7까지 포함해서.

조과장 네, 알겠습니다. 그런데 제가 사실 시공을 잘 아는 것이 아니라 걱정은 되네요.

최부장 어차피 분야별로 모르는 분야는 우리 본사나 B사 담당과 협의해서 진행하면 되니까 너무 걱정은 안 해도 될 거야.

조과장 네, 알겠습니다.

최부장 Chapter 10을 제외한 다른 Chapter에 대해서는 나사원이 하는 것으로 하지.

나사원 네.

최부장 영업부에서 추가로 지원 온 영업A, 영업B는 Commercial 관련 사항을 지원하면 될 거야. 그리고 김대리도 본사에 남아서 혹시 우리 시공팀, 입찰구매, 설계팀이랑 자료를 주고받아야 할 거야. 모든 최신 자료는 웹 디스크에 수시로 업로드 해주라고.

김대리 네, 부장님.

최부장 기본 업무는 모두 할당한 것 같은데 혹시 자기 업무를 모르면 손들어!

미팅이 끝나갈 무렵 영업부 직원이 방금 접수된 발주처 *Letter*를 가지고 들어오며 입찰이 발주처 사정으로 일주일 연장되었다고 알려왔다.

최부장 1주일 연장이라고! 우리가 연장 Letter를 보냈을 때는 모두 Reject 하더니 자기들 사정으로는 잘도 연장하네. 허사원이 가서 항공기 예약 다시 하고 남은 1주일간은 우리가 준비한 Binder에 자기가 맡은 분야의 모든 문서를 철하고 색지까지 넣어 가지고 각자 완료 후 현지 가서 마무리하는 것으로 하자고. 추가로 현지에서 입찰 박스를 맞춤으로 준비하기는 어려우니 국내에서 입찰서 Packing 하는 박스도 맞춤으로 준비해서 가는 것으로 하자고.

PM팀 네. 부장님,

최부장 조과장은 금일 미팅 관련 내용을 B사에 알려주고 앞으로 1주일 동안 최대한 입찰서를 작성해서 출발하는 것으로 하고 지금 구매/시공 관련 입찰 금액 요약은 아마도 현지에서 최대한 정리하는 것으로 하자고.

Quick Tips!

입찰 현황을 잘 파악하자.

입찰을 하다 보면 입찰이 취소되는 경우도 발생하고 입찰 기간이 갑자기 늘어나는 경우도 발생한다. 오일 메이저 사들은 입찰을 처음부터 정확히 하기 때문에 변화가 적지만 돈이 없는 동남아나 아프리카 경우는 입찰 기간이 1년으로 늘어나는 경우도 있다. 심하면 취소도 된다. 돈이 부족하다 보니 설계를 제대로 하지 않고 입찰서를 배포하는 경우도 많아서 사실 이런 입찰은 입찰 비용이 보통 입찰에 비해 2배 이상 들어가는 경우도 있다. 보통은 영업팀에서 이러한 입찰은 꺼리기는 하지만 입찰을 해야 하는 경우에도 전략적인 입찰 준비가 필요할 것이다.

입찰제안서 최종 점검

19th week

최부장 나사원, 지난번 확인한 바인더의 표지 디자인은 출력 했나?

나사원 1부는 출력했습니다.

최부장 B사에도 표지 디자인 확인했나?

나사원 아직 못 한 것으로 알고 있습니다.

최부장 B사에도 디자인을 이메일로 보내서 최종본이라고 하고 확인해 달라고 해.

나사원 네, 알겠습니다.

최부장 확인되면 출력해서 Technical 바인더 10개, Commercial 바인더 1개에 모두 끼워 넣고.

나사원 네.

최부장 그리고 오후에 PM팀 모두 미팅 참석하라고 공지하고.

나사원 영업A, 영업B도 미팅에 참석하라고 할까요?

최부장 당연하지! 우리 팀이라 생각하고 PM팀 미팅에 항상 불러.

나사원 네, 알겠습니다.

• • •

최부장 다들 모였으면 미팅 시작하자고. 일주일 후면 출발하니 B사 영역의 일들만 제외하고 우리 본사에서 할 수 있는 일은 최대한 모두 준비해야 해. 일주일간 모든 입찰서류는 제출 준비를 완료한다는 심정으로 지금부터 맡은 바 업무를 충실히 했으면 좋겠어.

PM팀 네, 알겠습니다.

최부장 그리고 영업팀에서 우리 입찰을 돕기 위해서 특별히 오셨습니다. 잘 부탁드립니다.

영업A/영업B 저희가 오히려 잘 부탁드립니다.

최부장 뒤를 보시면 나사원이 만든 제출용 입찰 바인더 11개를 표지 디자인까지 해서 캐비닛에 비치했으니까 각자에게 해당되는 바인더는 잘 확인하고 지금까지 완료한 성과품을 모두 출력해서 바인더에 철해 주세요. 그리고 최종 검토가 완료된 순서로 모두 칼라출력을 하고 본사 보고용으로 한 부는 두고 가겠습니다. 그리고 마지막 날 우리가 제출할 바인더는 별도로 출력을 해서 각자 자기 집에 챙겨서 가면 될 듯합니다. 그리고 Commercial 관련해서 영업A, 영업B가 담당하는 내용은 모두 극비이니 저 외의 누구하고도 금액 관련 사항에 대한 토론을 금합니다.

영업A/영업B 네.

최부장 입찰제안서 초안이 끝난 담당자는 저에게 가져와서 확인을 받으시면 되고 바인더에 내용을 출력해 놓으면 제가 확인해서 필요하면 담당자를 부르도록 하겠습니다.

PM팀 네, 알겠습니다.

최부장 다들 바인더 가지고 돌아가셔서 각자 필요한 부분을 준비해 주시기 바랍니다.

본사에서 지원을 위해 남는 김대리를 제외하고는 출장을 가기 전 7명은 각자 맡은 Chapter 내용을 세밀하게 검토하고 바인딩 했으며 또한 관련 내용을 최부장과 함께 1차 입찰제안서 검토를 마쳤다. 그러나 영업A, 영업B는 Commercial 내용을 검토하던 중 관련 Item들의 가격이 너무 다르다는 것을 발견하였다. 초기에 회사에서 접수한 각 부서의 Quotation 금액과 B사에서 직접 접수한 Quotation 금액이 상당 부분 달랐다. 이에 최부장은 동일한 조건으로 동일한 Vender에게 받은 내용의 금액이 최종 가격에서 10% 이상 차이가 나는 견적에 대해서는 확인하기 위해 각 견적구매 LE 미팅을 소집하였다.

최부장 안녕하십니까? 제가 급히 입찰 구매 LE 분을 오시라고 한 이유는 저희가 초기에 B사가 Local에서 견적을 접수하면 금액이 좀 더 저렴하리라고 생각하고 초기 Local 견적 관련해서 Quotation을 확인했는데 특이하게도 저희가 받은 견적 금액이 B사에서 받은 금액보다 약 10%가량 낮아 확인하려고 합니다. 견적구매 전기 LE께서 요약한 금액은 어떤 금액을 최종 금액으로 하셨나요?

견적구매 전기 LE 저희는 B사에서 받은 견적 금액과 당사에서 받은 견적 금액 모두 확인 비교해서 최저가로 제출한 Vender Quotation 금액을 적용했습니다.

최부장 특별히 특이 사항은 없었나요?

견적구매 전기 LE 저희가 가끔 조인트 벤처로 업무를 수행할 때 동일한 Area로 일본 업체와 한국 업체가 Quotation을 받으면 심지어 한국 Vender인데도 불구하고 한국 업체 견적 가격이 높은 경우가 많아서 놀란 적이 있었습니다. 그 이유는 여러 가지가 있지만 일본 업체에서는 입찰 시 선택된 Vender 대부분이 입찰에서 제출한 금액으로 수행을 하는데, 한국 업체들은 선택된 Vender일지라도 수행할 때 금액을 줄이기 위해서 재입찰을 수행하기 때문에 금액을 좋게 줄 수가 없다고 하더군요. 이러한 이유가 첫 번째이고 두 번째로 큰 이유는 건설사가 구매 파워를 가지고 있으면 Vender가 저렴하게 금액을 제출하는 경우를 본 적이 있습니다.

최부장 전기 Item에 대해서는 B사 가격이 우리보다 높았나요? 낮았나요?

견적구매 전기 LE 제 기억으로는 저희가 직접 받은 금액이 약간 낮았습니다.

최부장 배관 LE께서는 배관 Bulk 자재 관련해서 저희와 B사 Quotation을 비교해서 정리하셨나요?

견적구매 배관 LE 저희는 item이 너무 많아서 B사가 받은 견적서 내용을 기준으로 가격을 정리했습니다.

최부장 그럼 견적구매 배관 LE께서는 힘드시겠지만 양사에서 접수한 Quotation 견적 금액을 다시 확인해서 최저가로 배관 금액을 수정하여 주시기 바랍니다.

견적구매 배관 LE 네, 언제까지 해야 하나요?

최부장 가능하면 제가 인도네시아로 출발하기 전까지 부탁드립니다. 늦어도 금주 토요일까지는 완료하여 주시기 바랍니다.

견적구매 배관 LE 저희가 인원이 부족해서 다음 주에나 가능할 듯한데요. 양해 부탁드립니다.

최부장 추가 인원을 지원받아서 가능하면 최대한 빨리 금주 안에 부탁드립니다. 사실 현지에 가면 자료를 받는 것이나 모든 상황이 불확실하기 때문에 중요한 내용은 저희 본사에서 결정하고 떠나야 할 듯합니다.

견적구매 배관 LE 최대한 빨리해 보겠습니다.

최부장 감사합니다. 토목 철골 관련해서는 모듈 제작 전략에 맞추어 금액을 모두 정리하셨나요?

견적구매 토목 LE 네, 조사한 바로는 말레이시아 업체가 Module Type 제작 경쟁력이 있다고 해서 견적서를 받아 보았는데요. 현지 용접하는 가격보다 저렴해서 모듈 기본[125]으로 금액을 산정했습니다.

최부장 제가 경험한 바로는 호주처럼 우리보다 용접사 인건비가 5배 이상 비싸면 어쩔 수 없이 Module Type으로 공사를 진행하여야 하지만 인도네시아는 저렴한 인건비와 물류비용, 그리고 Domestic Contents 등 제반 사항을 고려하면 인도네시아에서 작업을 수행하는 것이 맞을 듯합니다. Module 관련해서 비교한 내용이 있으면 저에게 이메일로 관련 자료를 보내 주시기 바랍니다. 기본적으로는 현지에서 용접하는 것으로 금액을 준비하여 주시기 바랍니다.

견적구매 토목 LE 확인 후 최종적으로 알려드리겠습니다.

최부장 마지막으로 정리하겠습니다. 구매 금액은 전체 Project에서 차지하는 비용이 50% 이상입니다. 그러니 모든 자재 비용에 필요 없이 높은 금액을 적용하는 것은 삼가하여 주시고 바쁘시더라도 최종 결정된 금액으로 입찰서류에 잘 반영되었는지 다시 한번 확인하시기 바랍니다. 금일 미팅에 참석하여 주셔서 감사합니다.

최부장은 입찰구매 미팅을 마치고 최종적으로 B사와 협의를 하기 위해 조과장에게 B사와 원격화상회의 준비를 요청한다.

---

[125] **모듈 기본**(Module Base): 용접을 현장에서 하나하나 하는 것이 아니라 구조물 형태로 미리 용접을 해 온 상태로 현장에서 설치.

최부장 출발 전 B사와 최종 확인할 수 있도록 전체 미팅을 준비하고 미팅 전에 Check List로 나에게 먼저 보고를 한 후 미팅 진행하는 것으로 합시다.

조과장 네.

· · ·

최부장 Hello.

B사PE Hello. This is Project Engineer. Our Project Manager is not here. He is out of office for personal reason.

최부장 Do you have the meeting agenda which we sent to your Project Manager yesterday?

B사PE Sure, I have.

최부장 Now, I would like to discuss the collaboration with your people during our staying at your head office.

B사PE OK. go ahead.

최부장 A few weeks ago, we asked you to arrange an office and its suppliers for joint works with you.

B사PE Yes, we already did.

최부장 Could you give us more details on the number of people and their positions for joint works there?

B사PE About 10 people, Project Manager, Project engineer, Cost Engineer, Construction Manager, Construction Engineers, Safety Manager, QA Manager and etc. However, part time people are not included. How about you?

최부장 As I already said, there are seven people. Currently,

the severe problem is that the construction cost is much higher than expected. You can understand from the BOQ material we provided. Are there other alternative measures?

B사 PE I heard that PM completed almost except the confirmation step of construction engineer. If you have any problems, please let PM know by e-mail before departure.

최부장 OK, I will do it. Finally, I will ask you one more thing. I would like to ask you to collect the detailed information about the local companies for safety design and tank construction. We still do not have the detailed information of local companies.

B사 PE Yes, we will do it.

최부장 Thanks for your help and see you then.

B사 PE Bye!

· · ·

최부장 드디어 내일 출발이야! 모두 마음의 준비를 단단히 하고 내일 아침 8시에 인천공항에서 만나도록 하자고.

출발팀 네, 알겠습니다.

Quick Tips!

구매력을 키우는 것이 입찰을 승리로 이끄는 요소이다.

프로젝트의 입찰금액 중 가장 비중이 큰 항목은 구매일 것이다. 선진사일수록 구매 항목에서 경쟁력이 높다. 그래서 선진사들은 가능하면 EP만 수행하고 C는 하도급을 주는 경우가 많다. 대기업과 중소기업의 금액적인 면에서 입찰 경쟁력의 차이는 구매력으로, 중소기업은 구매 파워가 약해 좋은 가격에 물건을 사기 어려워서 단독 입찰이 쉽지가 않다. 현재 국내의 이마트와 동네 슈퍼의 차이를 비교하면 쉽게 이해가 갈 것이다. 그렇기 때문에 입찰하는 회사는 자기 회사의 구매력을 잘 점검해야 한다. 그리고 좋은 Vender를 발굴하거나 새로운 기술을 개발한 Vender를 잘 관리하는 것이 구매력을 유지하는 비결이다. 더불어 이는 입찰에서 큰 성공 요인 중 하나이다.

현지에서 입찰제안서 최종 점검

20th week

　인도네시아 공항에 내려서 컨소시엄 본사에 가기 위해 택시를 타고 1시간가량 이동을 했다. 인도네시아 컨소시엄 본사는 큰 건물을 가지고 있었다. 본사 건물 근처에 도착에서 담당자에게 전화하니 회사 정문으로 PM과 PE가 나왔다. 서로 간단히 인사를 한 후 8층에 있는 사무실로 함께 올라갔다. 가져온 작업용 노트북에 네트워크를 연결하고 프린터를 설정하고 테스트를 하니 특별한 문제 없이 잘 작동되었다.

　컨소시엄사 Manager가 왔다. 자기들 출근 시간과 퇴근 시간, 프린터 IP, 식사하는 방법 등 간단히 우리에게 필요한 사항을 설명해 주었다. 그리고 지금은 퇴근 시간이라 자기들은 퇴근할 건데 언제 나갈 거냐고 물어보았다. 우리는 저녁을 먹고 퇴근할 거라고 하니 자기들이 저녁을 사겠다고 했다. 회사에서 1분 정도 걸으니 음식점들이 많이 보였다. 회사가 수도에서 떨어진 지방에 위치하다 보니 대부분 현지 음식점들이었다. 컨소시엄사 PM이 추천한 곳으로 우리는 식당을 잡고 주문을 했다. 물론 인도네시아는 인도네시아어가 있기 때문에 알아들을 수는 없었다. 20분을 기다리니 다양한 현지 음식들이 나와서 먹고, 컨소시엄사 PM과 관련 직원들은 내일 만나기로 인사를 하고 우리는 사무실로 와서 퇴근 준비를 했다.

최부장 다들 피곤할 텐데 내일 일할 수 있도록 준비됐으면 모두 퇴근 하자고. 택시로 10분 거리인 가까운 호텔에서 생활하게 될 거야. 그리고 아침 7시까지 호텔 주차장으로 오면 현지 지사에서 우리 출퇴근을 시켜 줄 거야.

첫날밤을 보내고 아침 7시 주차장으로 가니 현지인 기사가 우리를 기다리고 있었다. 우리는 봉고에 올라타 출발했다. 모터사이클 반 자동차 반이 섞인 도로를 약 5분 달려서 큰 차도로 나가니 차들만 달렸다. 도착하니 7시 30분. 아직 현지 직원들은 출근하지 않았다. 8층 사무실 앞에 도착했지만 문이 잠겨 있었다. 우리는 프런트로 가서 문을 열어 달라고 부탁을 했다. 프런트 직원은 조금 있다 Manager가 출근하면 열어 줄 거라 했다. 7시 40분쯤 컨소시엄사 Manager가 도착을 하고 미안하다고 하면서 문을 열어 주었다. 그리고 출입문 카드를 우리 PM에게 2장 주었다. 우리는 긴장된 마음으로 현지에서 둘째 날을 보내게 되었다. 우리는 본사에서 준비해온 스케줄을 먼저 확인했으며 8시 50분쯤 되니 로컬사 직원 5명이 TF 사무실에 들어왔다. 오전 9시에 발주처와의 소개 시간이 있었다. 처음에 협의한 조직도에는 10명이어서 나머지 인원은 언제 오느냐고 했더니 현장 직원 5명은 필요에 따라 파트 타임으로 참여할 거라 했다. 최부장은 컨소시엄사 PM과 간단하게 이야기를 나누었으며 모든 입찰 PM은 최부장이 총괄하기로 했다.

최부장 스케줄에 따라서 9시에 상호 인사 후 분야별로 뭉쳐서 입찰 문서를 최종 검토하도록 하겠습니다. 제가 먼저 소개하고 시계방향으로 각자 소개를 하겠습니다.

그들은 이미 원격화상회의를 통해서 친밀하게 일을 하고 있었기 때문에 서로의 이름과 담당업무는 다 알고 있었으므로 간단히 인사를 나누었다.

최부장 이제 각자 소개도 끝났으니 서로 맡은 분야별로 A사와 B사가 자연스럽게 자리를 변경해서 앉아 주시기 바랍니다. 자리를 이동하는 동안 10분간 Break Time을 갖겠습니다.

B사 코디네이터가 간단하게 마련된 다과 및 커피를 마실 수 있는 Pantry를 알려 주었다. 다시 10분이 지나고 모두 모여 앉아서 A사 PM은 말을 이어가기 시작했다. Chapter 1의 7번 항목인 Key Personnel의 이력서를 검토한 결과 B사에서 제출한 Manger 이력서가 입찰안내서 요구사항을 충족하지 못하여 변경을 요청했다. B사 PM은 검토하겠다고 했지만, B사가 플랜트를 주 종목으로 하지 않기 때문에 플랜트 경력을 가진 분들이 많지 않아 어려움을 이야기했다. 기타 Chapter 1에 들어갈 내용 중에 특별히 문제되는 사항은 없었다. 단지 은행 보증서를 제출해야 하지만 다행히 A사는 현지에 진출한 은행 중 기존 거래하는 은행을 통해서 필요한 보증 서류를 받으려 했고 B사 또한 주거래 은행이 있었다. 중요한 것은 입찰 성공 시 현지 국내 은행 Branch에서 보증을 받는 것이 업무상 번거롭지 않고 이용 수수

료도 저렴했다. 우리는 B사 보증도 동시에 해주기로 Branch 은행을 설득하는 데 성공했다.

그러나 B사의 국책은행은 A사를 함께 보증하는 것에 어려움을 겪는 듯했다. 한국 인도네시아 은행은 국책 인도네시아 은행만큼은 신용이 없다는 이유를 자꾸 들면서 다시 각자 은행 보증을 받자고 하는 것이다. 사실 한국 인도네시아 은행도 재정적인 상황 및 실적은 발주처가 요구하는 사항을 맞추고 있어서 문제는 없었다. 보증 문제가 해결되고 우리는 Chapter 3으로 넘어갔다. B사 공정관리 담당자와 만나서 잠깐 이야기를 했다. 나이도 어려 보이고 대학을 갓 졸업하였으며 공정관리 Tool에 대해서는 기본적인 사항만을 알고 있었다. A사 공정관리 담당자가 오지 못했기 때문에 난감함을 느꼈지만, 다행히 A사 일행 중에서 공정관리를 많이 해본 경험자가 있어서 스케줄을 통합하고 수정하는 데는 문제가 없었다. 그러나 B사 공정 담당자가 초보라 너무나도 프로젝트 지식도 없고 Tool 사용 능력도 약하다 보니 공정 관련 문제가 터지면 진척이 되지 않았다. 다행히도 A사 본사에서 공정관련 Issue는 처리가 잘 되어 그나마 문제없이 일이 진행된 것은 다행이었다.

Chapter 4 설계 관련 해서는 A사 범위가 대부분이고 환경 인허가 등은 B사가 당연히 유리한 고지를 점령하고 있어서 관련 문구나 규정은 B사의 담당자가 많은 조언을 해 주어 설계 관련 사항을 대부분 작성할 수 있었다. 단순하게 외국사가 한국에서 건설한다고 생각하면 이 또한 쉬운 일은 아닐 것이다. 그 나라만 가지고 있는 고유한 규정 등이 있기 때문이다. 특히 소방 관련 규정은 그 나라의 특성에 따라서 매우 다르다. 대부분은 국제 규격에 따라 설계하는 것을 인정하지만 소방 규정만은 그 나라의 Local 소방 규정대로 하라는 입찰안내서가 대부분이다. 심지어는 TQ에 국제 소방 설계[126]규정을 인정한다고 할지라도 마지막 준공필증을 받기 위해 당사국 소방 관련 세부 규정까지 모두 통과한다는 것은 장담하기 힘들 것이다. 규정이라는 것은 일반적으로 선진국일수록 까다롭다고 할 수 있지만 후진국이라고 규정이 없는 것은 아니며 이를 잘 지키는 것은 또 다른 문제일 것이다.

Chapter 5는 구매 관련 내용으로 A사 구매 전문가와 B사 구매 담당 여직원이 함께 일을 하게 되었다. B사 구매팀에서 기본적으로 통관 절차, 물류 흐름, 수출입 통제 물품 등에 관한 것을 수행하였다. 또한 가장 중요한 사항 중 Domestic Contents 항목에 대해서 확정하는 것이었다.

사실 중요한 내용은 이미 준비가 된 상태에서 최종 마무리하는 것이었고 설계 단계에서 TBE/CBE 등을 거쳐서 선정된 Selected PO 항목은 예외로 하고 입찰서 Index 기준으로 정리를 했다. 그리고 A사 구매 담당은 평상시 궁금해 하던 SKK MIGAS[127] 관련해서 미진한 사항을 반영하였다. 인도네시아 공기업이라도 입찰할 때 특별히 SKK MIGAS가 발행하는 Work Manual 정도는 이해하고 있어야 한다. 인도네시아 정부가 가지고 있는 규정과 상충이 될 때는 어떤 것을 적용해야 할지 난감한 경우에 대해서도 B사 담당이 잘 알고 있어서 설계 분야도 특별한 문제없이 관련 절차서를 마무리 지을 수 있었다.

---

[126] **소방 설계**(Fire Fighting Design): 방화설계, 화재경보 설계, 소화용수배관설계, 소화기, 소방차 등.

[127] **SKK MIGAS**: 인도네시아 사업감독기구로 입찰 시 필요한 내용을 포함하고 있기 때문에 관련 지침을 이해하는 것이 중요함. 입찰 시 필요한 문서 번호: PTK-007/SKKO0000/2015/S0 BOOK I, BOOK II.

Chapter 6은 이번 입찰에서 15점이 걸려 있는 중요한 분야였다. 그러나 본사에서 관련 문서 준비가 미진한 상태로 인도네시아에서 작성해야 할 것들이 너무 많았다. 우리는 급하게 시공 담당자들을 불렀다. 시공 조직부터 시작해서 모든 절차서 등 준비하지 못한 분야별 작업기술서가 정말 많이 있었다. 이러한 문제를 해결하기 위해서 우리는 B사에 시공 전문가를 요청했다. 그러나 전문가라고 생각하기에는 너무 경험없는 젊은 Engineer가 시공을 담당하고 있었다. 영어는 잘해서 좋은 점은 있었으나 문제는 시공 관련 세부 내용을 이해하지 못하는 듯했다. 자기도 필요한 자료는 현장 담당자에게 도움을 받아서 문서를 만들어야 한다고 하였다. 하여튼 입찰안내서에서 20개 정도 요구한 작업기술서 중 10개 정도는 이메일로 받을 수 있었다.

그런데 받아볼 메일에는 우리가 사용하는 Specification Code와는 다른 내용이 많이 있었다. 예를 들어 ASTM Code를 따라야 하는데 독일공업규격[128]Code를 따르고 있었던 것이다. A사 시공을 담당한 PM Team Manager는 잠을 이루지 못하는 듯했다. 그리고 A사 시공 담당자도 A사의 범위가 아니어서, 처음부터 같이 참여하지 못한 것을 많이 아쉬워하였다. B사 시공 담당자는 기본적인 Local Permit 절차에 대해서는 많이 알고는 있었지만, 특별히 가지고 있는 자료는 없었다. 그들이 말하는 내용을 모두 반영하고, 본사에서 작성한 시공성 검토를 논하기에는 너무 시간이 부족했다. 주어진 시간에 할 수 있는 문서 작업은 최대한 빨리 끝내고 시공 스케줄은 본사와 계속 협의하면서 모든 문서를 최대한 수정하였으나 시공 문서의 최종 발주처

---

[128] DIN(Deutsches Institut for Normung): 독일공업규격.

평가 결과는 역시 좋지 않았다.

시운전 관리 Chapter 7은 A사에서 미리 작성한 내용을 기준으로 검토만 하면 되는 분야이다. 그러나 시운전 문서가 담고 있는 내용은 시운전뿐만이 아니라 IT 적인 요소들을 많이 반영해야 했고, 특히 CMMS 관련 사항을 많이 기술해야 했다. 현지 담당자는 본사 시운전 관리 담당자와 전화 통화를 많이 하는 듯 보였다. 입찰안내서 요구 사항을 무시하고 작성한 내용이 많이 있었다는 것을 깨닫고 이런 내용을 보충하는데 전념했다. 우여곡절 끝에 시운전 관련해서는 시간 안에 문서 수정을 겨우 마칠 수 있었다.

품질 관련 Chapter 8은 A사 품질팀과 B사 품질팀이 협의해서 수행하면 큰 문제는 없을 거라고 생각을 했다. 기본적으로 A사가 Leading 하면서 진행을 하는 분야여서 그런지 특별히 문서에는 문제가 없었다. 발주처 요구 사항 중 특이한 사항을 발견하였다. 내용은 협력사 품질 관련 문서를 모두 받아서 제출하게 되어 있는 것이었다. 그러나 입찰 단계에서는 협력사와 정식으로 계약된 것이 아니어서 문서 관련된 사항에 대해서 협력사에 요청하는 것이 쉬운 일이 아니었다. B사 품질 담당에게 관련 문구를 보여 주면서 협력사의 품질방침, ISO, 품질 매뉴얼을 요청하도록 하였다. 사실 이런 요구 사항은 좀 부당해 보였지만 발주처의 요구 사항에 부응하기 위해서 최대한 협력사의 협조를 요청했다.

매일매일 A사 담당과 B사 담당은 분야별로 계속 미팅을 하면서 입찰서 요구 사항에 맞게 문서를 만들기 위해서 밤을 새워가며 작업을 했다. 2주간의 짧은 일정 안에 전체적인 내용을 수정하고 검토한다는 것은 정말 힘든 일이었다.

Quick Tips!

컨소시엄과 조인트 벤처 차이

컨소시엄 혹은 조인트 벤처 구조하에서 협업으로 입찰 수행 시 차이에 대해서 간단하게 저자의 생각을 적어 본다. 컨소시엄 형태는 기본적으로 SOW를 명확하게 구분하고 손해 이익에 대해서 각 사가 책임을 지는 형태이고 조인트 벤처는 새로운 SPC를 공동 설립해서 이익과 손해를 함께 책임지는 형태이다. 한국 회사들은 주로 컨소시엄 형태로 계약을 많이 한다. 사실 자기 것은 자기가 책임지는 것이 편하다. 그래서 한국 문화에는 잘 맞는 듯하다. 컨소시엄 형태의 입찰은 상호 간의 이익을 입찰 금액에 자유롭게 반영할 수 있다. 그러다 보니 금액이 중요한 입찰에서는 이러한 컨소시엄이 불리하게 작용하는 경우가 많다. 그래서 잘 아는 회사 간에 혹은 모회사와 자회사 간 조인트 벤처를 통해서 입찰 경쟁력을 가지려고 한다. 모든 입찰 금액을 상호 공유하기 때문에 어쩌면 입찰에서 Win-Win이 될 수 있으나 범위를 명확히 하지 않고 공동으로 업무를 수행하다 보니 상호 책임을 서로 미루는 경향이 있어 수행 시 어려움이 발생할 수 있다. 이러한 점을 한국인의 정 문화로 해결해 나간다면 결코 조인트 벤처는 좋은 결과를 얻을 수 없다. 정보다는 프로들의 협업 방식으로 수행을 하는 것이 조인트 벤처 문화에 어울릴 것이다. 결론적으로 이러한 협력을 할 때 반드시 미리 업무 협의와 상호 신뢰를 바탕으로 하지 못하면 독자적으로 하는 것보다 좋지 않은 결과를 가져올 수 있다.

입찰제안서 제출

| 문서/CD 출력, 바인딩, Boxing |

21st week

드디어 모든 입찰 서류를 제출함과 동시에 프로젝트의 끝을 알리는 마지막 주 첫날이 시작되었다. 정말로 구성원들은 모두 지쳐 가고 있었다. 그러나 한국에서 떠날 때 가졌던 초심을 지키기 위해 모두 힘차게 회사를 향해 스타렉스에 올라탔다. 사무실 안에는 이미 B사 직원들이 먼저 나와서 준비를 하고 있었다.

오늘은 스케줄에 따라서 지금까지 수정한 최종본 입찰 문서를 바인더에 모두 갈아 끼우고 마지막 점검을 하는 날이다. 7cm 10권의 영문 바인더를 모두 확인하는 데 오전 시간을 모두 소비했다. 가끔은 입찰 프로젝트 특성에 따라 Technical을 모두 제출하고 나중에 Commercial을 제출하는 경우도 있다. Technical을 먼저 제출 후 관련 내용을 가지고 Clarification 미팅을 하는 경우가 있다. 발주처에서 제출한 Technical을 모두 검토하고 관련하여 Technical 코멘트를 할 때 다른 프로젝트 이름이나 국명을 수정하지 못하고 제출하는 우스운 일이 종종 일어난다. 문서가 많다 보니 한편으로는 이해가 가기도 하지만 역시 프로답지는 못 한 것이다. 사실 늘 하는 일이지만 이렇게 많은 시간을 Technical 문서를 작성하는 데 시간을 보내고 늘 마지막 점검에서도 문법 오류, Typo Error, 표준 양식을 지키지 못한 오류 등 이러한 잘못된 오류가 항상 수 없이 발견된다. 그리고 관련 부분을 찾아서 바인더에 한 장 한 장 다시 끼워 넣는 일도 쉬운 일이 아니다.

그리고 최종적으로 본사의 결재를 요청하기 위해서 관련된 문서를 웹 디스크에 업로드했다. 정말 업로드로 만만치 않은 시간을 허비했다. 아마도 본사 영업팀도 기술 입찰 검토를 위해서 몇 명이 야근 준비를 하고 있을 것이다. 물론 프로젝트를 담당하는 중역도 자리를 지키고 있었을 것이다. 회사에서 입찰서를 제출하기 1개월 전부터는 대부분 비상이라 해도 틀린 말은 아닐 것이다. 해외 플랜트 입찰을 할 때는 적게는 5,000억 정도에서 많게는 3조까지 금액을 투찰한다. 이러한 이유로 입찰에 성공한 사람 중 그 해 진급 해당자들은 대부분 진급이 될 것이고 입찰을 수주했다는 것은 회사나 개인에게는 정말 영광스러운 일이 아닐 수 없다. 포상금도 기대해 볼 수 있다.

이제 다시 입찰서로 돌아와서 우리는 각자 부족한 입찰 내용을 보강하면서 본사의 최종 지침을 기다리고 있었으나 첫날은 본사도 검토하는 양이 많아서인지 답신이 없었다. 그리고 다음날 본사에서 내려온 지시 내용들이 많이 있었다. 가장 중요한 것은 역시 입찰 금액일 것이다. 그리고 물량도 점검을 했을 것이다.

마지막으로 문서도 중요한 내용 위주로 확인하고 전체적인 구성을 보았을 것이다. 특히 스케줄 내용 중에서 건설 공사 기간 정도는 검토하고 확인을 했을 것이다. 역시 이러한 순서대로 본사 코멘트가 하달된 문서가 한 장 웹 디스크에 올라와 있었다. 그러나 정말 며칠 남겨 놓고 이러한 본사의 문서를 처리한다는 것은 끝없이 입찰을 수행하는 자들에게는 도전이 될 것이다. 우선 우리는 금액을 줄이기 위해서 인원 동원 계획을 줄이기 시작했다. 특히 시공 관련 인원을 많이 줄였다. 그러므로 인건비를 5% 정도 줄일 수 있었다.

그리고 본사에서 검토한 물량에 대해서 답변서를 작성하기 시작했다. B사가 집계한 시공 물량이다 보니 우리 입장에서는 그들이 작성한 근거를 알기는 힘들었지만, 최대한 그들에게 근거를 확인했다. 계장 물량이 많다고 하면 계장에서 가장 중요한 I/O 개수, 전기는 공장에서 사용하는 전력량, 기계 대수 등을 파악해서 본사가 요청한 문서에 답신했다. 그리고 동원한 장비가 너무 많다는 코멘트도 있었다. 장비 동원 계획을 다시 작성해야만 했다. 우리의 코멘트를 B사에 요청해서 관련 내용을 재검토 요청을 했다. 스케줄 관련해서도 본사의 요청에 따라서 스케줄 Basis에 Grace Period 3개월을 추가하였다.

정말 이러한 다양한 코멘트를 반영하기 위해서 우리는 또다시 하루를 꼬박 날을 새어야 했다. 사실 이번 입찰은 금액으로 승부를 거는 경우가 아니어서인지 생각보다 금액에 대해서 민감하게 반응을 하지 않았다. 다시 수정된 내용을 모두 교체해서 끼우는 작업을 하고 나서 다시 관련 내용을 본사에 보내고 우리는 뜬눈으로 하루를 보내게 되었다. 옆에 있는 B사도 이러한 모든 내용을 임원이 와서 나름 확인하고 있었으나 A사 구성원이 바쁘게 움직이는 것을 보고는 특별한 코멘트를 하지 않는 눈치였다. 이제는 기본적인 내용 작성은 모두 끝이 난 듯했다. 남은 일은 원본 컬러 3부, 복사 3부를 제출하라는 입찰서 요구 사항에 따라서 복사를 하기 시작했다.

그러나 입찰 사무실에 있는 복사기와 타 부서 복사기를 사용해서 복사를 시작했는데도 역시나 하루가 걸렸다. 특히 3공 바인더로 구멍을 뚫어서 각각 간지를 넣고 10권 정도를 완성하는 시간도 적은 시간은 아니었다. 이러한 일을 한국에서 할 때는 고속 복사실이 있고 자동으로 3공 구멍을 뚫어 주는 기계가 있어서 하루 반 정도면 해결이 될 것이다. 그러나 인도네시아에서는 또다시 새로운 하루가 시작될 때까지 완료하기는 힘들었다. 복사기 순서를 기다리면서 열심히 각자 가지고 있는 파일을 노트북을 통해서 프린트 기계로 하나하나 보내야 했다 물론 도면의 경우는 특별히 도면을 접는 방법에 따라서 손으로 깔끔하게 도면을 접는 시간을 포함하니 이틀이 소요되었다. 마지막 남은 일은 박스 하나당 1개의 DVD를 포함하는 것이었다.

그러나 1.5 Giga 파일은 DVD가 감당할 수 있는 양은 아니었다. 황당한 것은 마지막 검토자가 수정을 하면 DVD 6장을 다시 작업해야 하는 불상사가 일어 났다. 30장 정도의 DVD에 저장을 하고 이제는 우리가 한국에서 공수한 회사 로고가 그려진 박스에 모든 바인더를 차곡차곡 넣었다. 12박스가 만들어졌다.

그리고 입찰 금액이 적힌 원본 3권 Binder는 별도의 포장을 한 후 입찰서에서 언급된 장소에 각각 제출을 했다. 그러나 특이하게도 이번 발주처는 기술 입찰 문서 관련해서는 모든 문서를 정문에서 검사를 했다. 기본적인 인증이 필요한 것이라던가 특별히 자기들이 요구한 상황에 대해서 잘못된 경우는 그 자리서 DQ를 시킨다고 한다. 이런 경험은 처음이었지만 입찰 서류를 무사히 제출한 후 우리는 정들었던 인도네시아 B사 팀을 뒤로하고 한국으로 돌아와서 입찰 결과를 기다리고 있었다.

과연 입찰에 성공을 했을까? 저자는 이 책을 통해서 해외 입찰의 세계를 알려 주기 위해 쓴 책이기에 결과는 뒤로하고, 이 책을 끝맺는다. 회사의 선봉에 서서 최선을 다하는 입찰팀에게 뜨거운 박수를 보낸다.

21st week

Quick Tips!

반드시 입찰제안서 제출을 하고 비행기를 타자.

모든 입찰서가 제출될 때까지는 입찰 업무가 완료된 것은 아니다. 우리는 한국에서 입찰서를 모두 완료한 후 마지막으로 모든 문서를 입찰 박스에 포장한다. 박스가 작은 경우는 홀로 들고 가는 경우도 있지만 대부분 혼자 감당하기는 어렵다. 그래서 2명 정도가 입찰서를 비행기에 싣고 제출하기 전전날 떠난다. 그러나 가끔은 마지막까지 입찰 코멘트를 하시는 임원 분들로 인해서 비행기를 놓칠 것을 염려하면서 최종 금액을 승인 받는다. 그리고 비행기에 입찰서를 화물로 보내고 현지에 하루 전에 도착한다. 그러나 입찰서 제출 시간이 정오 12시인 경우 현지에서 입찰서를 제출하기 위해서 현지 지사장이 시간에 맞추어 호텔에 올 것이다. 그러나 지사와 거리가 멀고 혹시 지사장이 스케줄을 잊고 있는 경우라면 다시 황당한 일이 발생할 것이다. 택시를 잡아서 엄청난 거리를 가야 하는 경우도 있다. 경우에 따라 기술 문서는 PMC 본사에 제출하고 금액 관련해서는 발주처에 제출하는 번거로운 경우로, 서류 제출하는 국가가 두 곳 일수도 있다. 우리는 마지막 제출하는 순간까지 방심하지 말고 체크를 해야 할 것이다. 발주처는 제출한 입찰 문서에 대해서 받았다는 승인 문서를 발급해 주는 경우도 있다. 이미 언급도 했지만, 문서를 발주처가 정문에서 1차 평가 후 바로 기술 문서의 합격 여부를 판단하기도 한다. 혹시 중요한 인증 문서가 없는 경우 10억 이상의 금액을 들인 입찰서가 심사도 받아 보지 못하고 가지고 돌아와야 하는 어처구니없는 상황이 발생하기도 한다. 그리고 제출 시에는 경쟁자들도 와서 제출하고 가는 것은 당연한 일이다. 정말 영업이 강한 회사는 어떤 회사의 누가 제출을 하고 가는지 일일이 명함을 교환하기 위해서 제일 먼저 제출을 하고 마지막에 가는 담당자도 있을 것이다. 누구나 최선을 다했지만 승자는 단 한 명이라는 것을 잊지 말자.

Appendix

부록

[첨부 A]

	입찰 절차	완료 일정
1	ITB 및 입찰 참여 요청 공문 접수	
2	PPM(Proposal Project Manager) 선정	
3	LE(Leader Engineer) 선임 및 조직도 작성	
4	ITB 배포	
5	입찰 SCHEDULE 작성	
6	프로젝트 조직표 작성	
7	KICK-OFF MEETING	
8	EDMS 개설	
9	TECHNICAL QUERY 작성	
10	MSR 작성 및 MR 작성	
11	입찰 MAN-HOUR 취합 및 검토	
12	입찰 품의서 작성 및 결재	
13	외주 용역 계약	
14	실행 예산 편성	
15	MR 송부 시작	
16	TBE/CBE	
17	TECHNICAL PROPOSAL 작성	
18	BOQ 작성	
19	외부 BOQ 결재 및 송부	
20	공사용 BM 완료	
21	공사금액 산정 완료	
22	EPC 입찰 품의서 작성 완료	
23	TECHNICAL BID 완료	
24	COMMERCIAL BID 완료	

[첨부 B]

SURVEY ITEM (GENERAL)	
General Conditions	
1.	Language Spoken
	a) Official Language
	b) Local Language
	c) Propagation Rate of English
2.	How is the government stability?
3.	Is there any impact of political situation on social conditions?
4.	What is the frequency of occurrence of :
	a) Riot, agitation, strike, etc.?
	b) Terrorist activity, Mafia activity?
5.	How is average crime rate?(burglary or kill)
6.	How is police protection?
7.	Economic Growth Rate?
8.	Gross National Product?
9.	National Income?
10.	Inflation Rate?
11.	Educational Level?
12.	How is the character of people?
13.	What is the consistency of race?
14.	Religion Organization
15.	National Holiday, Public Holiday or other Holiday
16.	Local Religious Festival(Name, Date, Duration)
17.	Feeling against Korean/Foreigner

Government Approval		
1.	What kind of permits are necessary to obtain from Government to commence the work?	
2.	List of Government Authorities concerned	
3.	Designation of Authorities for Permit Approval	
Industrial Policy		
1.	What is the Government policy for promotion of priority sector?	
2.	Name, address, tel./fax No. of agency responsible for implementing Government policy	
3.	List of economy development projects decided by Government	
Communication		
1.	Mail Regulations	
2.	Courier service connection to Korea and cost(one kg)	
Transportation		
1.	Transportation Facilities and Charges	
2.	Availability and Monthly Rates for Rental and Purchasing Cost	
	a) Sedan	
	b) Four Wheel Drive/Pick-up	
	c) Mini Bus	
	d) Bus	
3.	Recommended Commuting Arrangement at Site for	
	a) Local Staff	
	b) Expatriate	
4.	Name, Address, Tel./Fax No. of the Travel Agent	

	Accommodation
1.	Is there any rent house for 3 - 5 bed room or flat near site? If yes, how much is the monthly rental charge?
2.	Name, Address, Tel./Fax No. of the Hotel near Site
3.	What is the type of hotel, capacity, tariff(daily/monthly)?
4.	Is there any rental room in hotel?
	If yes, how much is the monthly/daily rental charge?
Food Items	
1.	Availability and cost for following items
	a) Korean Food Stuff
	b) Continental Food Stuff
	c) Other Canned Food
	d) Fresh Food
	e) Prohibited food due to religious, health reason
Medical Facilities	
1.	Is there any adequate hospital facilities?
2.	Availability of Ambulance
3.	Availability of Medicines
4.	Availability of Private Clinics for Foreigner
5.	How many doctors per person of population?

	SURVEY ITEM (PROJECT SITE CONDITION)
1.	Location
1.1	Place
1.2	Nearest Town or City
	a) Name
	b) Distance from Site or Accommodation(by car)
1.3	Access to Site from Korea
	a) Available Air Line(Korea to Site)
	b) Transportation Method from Airport to Site
	c) Distance/Time required to Site and Accommodation from Airport
1.4	Others
	Surroundings Circumstances(Sea/River/Lake Swamp/Desert)
2.	Altitude
2.1	Above Sea Level
3.	Topography
3.1	Flat/Hilly/Mountainous/Swampy/Desert/ Sloped/Rugged/ Reclaimed/Filled
3.2	Other Description
4.	Geology
4.1	Nature of soil
	a) Sand/Silt/Clay/Gravel/Rock/Soft/Hard/ Compacted/Weak
	b) Other Description
4.2	Soil Data
	a) Soil Bearing Capacity
4.2	Underground Water
	a) Water Table
5.	Meteorology
5.1	Temperature
	a) Max(℃) in Month of ( )

	b) Min(℃) in Month of (　)
5.2	Humidity
	a) Max(%) in Month of (　)
	b) Min(%) in Month of (　)
5.3	Rainfall
	a) Yearly Rainfall(mm)
	b) Rainy Season
5.4	Snowfall
	a) Yearly Snowfall
	b) Snow Season
5.5	Others
	a) Lightning
	b) Sand Storm
1.	Information for Temporary Facility(Site)
1.1	Area
	a) Availability of Area for Temporary Facilities
	b) Access Road to Site
1.2	Water
	a) Availability of Potable Water(Tie-in Point/ Tie-in Size/Pressure/Rate)
	b) Availability of Industrial Water(Tie-in Point/ Tie-in Size/Pressure/Rate)
	c) Regulation for Sewage Disposal
1.3	Electrical Power
	a) Availability of Electrical Power(Tie-in Point/ Capacity/Voltage/ Phase/Hz/Line/Interrupting Capacity/Charge)
	b) Frequency of Power Failure
1.4	Communication
	a) Availability of Telephone/Mobile Telephone
	b) Availability of Fax
	c) Special Restriction for Overseas Telephone Call

	d) Rates for Telephone(One Minute to Korea)
2.	Camp
2.1	Necessity of Camp Establishment
2.2	Availability of Area(Rental Charge)
2.3	Drinking Water/Electrical Power/Sewage Tie-in Condition
1.	Information for Inland Transportation(ODC Cargo)
1.1	Unloading Port
	a) Location
	b) Max. Size of Vessel
	- Overall Length(m)
	- Breadth(m)
	- Draft(m)
	- Dead Weight Gross Ton
	c) Berth Facilities and Number
	- Length(m)
	- Width(m)
	- Bearing Capacity(Ton/m^2)
	- Permissible Draft(m)
	d) Available Unloading Equipment
1.2	Transportation Route(Port - Site)
	a) Distance(km)
	b) Transportation Route
	c) Road Condition
	d) Bridge Condition
	e) Obstruction
	f) Necessity of Temporary Work
	g) Available Unloading Equipment at Port

[첨부 C]

입찰 Index Form

프로젝트명: 날짜:

No	Title	By Action		Preparation Schedule			Review	Status	Remark
		Main	Support	Plan	Forecast	Finish			
1									
2									
3									
4									
5									
6									
7									
8									
9									
10									
11									
12									
13									
14									
15									
16									
17									
18									
19									
20									

[첨부 D]

KEY PROCEDURE LIST		
Category	NO	Description
PROJECT MANAGEMENT	1	Project Management Procedure
	2	Project Execution Procedure
	3	Project Co-ordination Procedure
	4	Document Review and Approval Procedure
	5	Information Technology Management System
	6	Variation Order Procedure
	7	Invoicing and Payment Procedure
	8	Claim Procedure
	9	Project Organization and Responsibilities
	10	Field Change Procedure
	11	Turnover Procedure
	12	Interface Procedure
PROJECT CONTROL	13	Standard WBS
	14	Project Control Procedure
	15	Progress Measurement Procedure
	16	Progress Reporting Procedure
	17	Schedule Control Procedure
	18	Cost Control Procedure
PROCUREMENT	19	Procurement Procedure
	20	Project Expediting Procedure
	21	Material Control Procedure

CONSTRUCTION	22	Construction Procedure
	23	Constructability Plan
	24	Subcontracting Plan
	25	Temporary Facilities Plan
PRECOMMISSIONING	26	Pre-commissioning Manual
COMMISSIONING	27	Commissioning Manual
HSE	28	HSE Plan
	29	HSE Manual
	30	Site Security Plan
	31	HSE Emergency Procedure
Quality	32	Project Quality Manual
	33	Project Quality Plan

[첨부 E]

LOGO	MINUTES OF MEETING	
	Location	Date
Written By	Project Name:	MOM No.
Subject	Meeting called by ■ ☐ ☐	Distributed to ■ ☐ ☐
Attendants:		

No	Discussion	Action by	Due